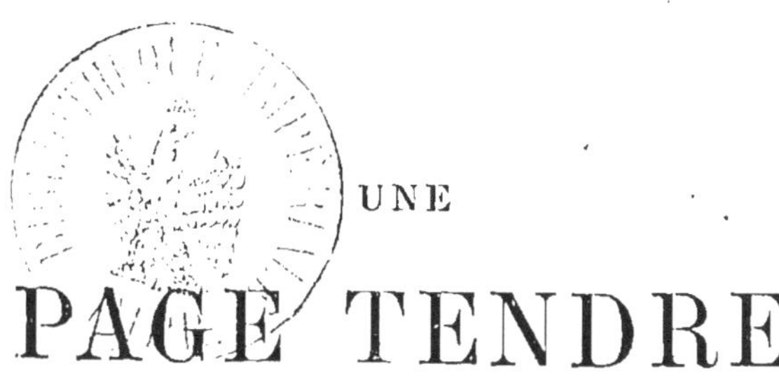

UNE PAGE TENDRE

DES

MÉMOIRES DU PÈRE GOVIN

POISSY. — IMPRIMERIE DE AUG. BOURET.

UNE
PAGE TENDRE

DES

MÉMOIRES DU PÈRE GOVIN

GARDE CHAMPÊTRE A LAMÉVILLE

MŒURS LORRAINES

PAR

HIPPOLYTE DE CLAIRET

PARIS

MICHEL LÉVY FRÈRES, LIBRAIRES ÉDITEURS

RUE VIVIENNE, 2 BIS, ET BOULEVARD DES ITALIENS, 15

A LA LIBRAIRIE NOUVELLE

—

1865

En posant mon coude sur la cheminée de madame Geoffroy, la femme du percepteur, j'avais maladroitement fait tomber et brisé un petit vase de porcelaine fleurie que je tenais à remplacer incognito et immédiatement.

Je m'acheminai, dans cette intention, les débris du vase sous mon manteau, vers le seul magasin du village où j'eusse quelque chance de rencontrer ce que je cherchais.

J'entrai, et ne trouvai personne ni rien ou à peu près rien : une gerbe de pipes à deux liards dans un pot à fleurs, des cornets de papier, des sacs de toutes dimensions, quelques bocaux à demi pleins de bâtons de réglisse ou de dragées pâteuses, des sabots enfilés par douzaine, des manchettes de laine bleue, des bonnets de coton rayés et des casseroles de terre ; le tout arrangé en désordre sur un comptoir gras d'huile fraîchement et largement mesurée.

Toutefois, un rideau baissé derrière ce comptoir me laissant espérer mieux, je fis du bruit pour attirer la maîtresse du lieu, une certaine virago extrême dans ses humeurs, qu'elles fussent sombres ou joviales, arrivée à cet âge de la vie que l'on compare à l'arrière-saison, d'où il résultait que les humeurs sombres étaient devenues plus fréquentes chez la digne marchande, ainsi qu'en automne le sont les mauvais temps.

Je n'entendis pourtant nulle part sa grosse voix ni son rire aussi bruyant, ce ressouvenir de l'autre moitié qui parfois faisait irruption dans la moitié brumeuse et maussade de sa vie.

J'avançai tout doucement. J'ouvris une porte, je n'entendis rien que le tic tac d'une horloge.

J'en ouvris une seconde... rien encore pour l'oreille, mais beaucoup pour les yeux.

J'étais sur le seuil d'un grand galetas où le soleil entrait avec une splendeur royale, éclairant et dorant une foule d'objets utiles suspendus à de longues perches ou planches, à des clous à la muraille, répandus ou rangés çà et là, mais surtout un personnage vivant, qui avait choisi le lieu le plus chaud, c'était en hiver, le plus éclairé, le plus doré, pour s'assurer au milieu de ce réservoir de très-simples et très-humbles richesses.

Il était assis à terre, une jambe placée sur un oreiller, le haut du corps penché sur une chaise couverte de longues feuilles de papier. Une écritoire posée à côté de lui me fit voir qu'il écrivait d'une main mutilée, à l'index de laquelle manquait une phalange.

C'était le maître de cette chétive boutique, le mari de cette femme acariâtre dont la jeunesse trop joyeuse avait changé ses épargnes en dentelles usées aujourd'hui ; enfin le père Gevin dans la dernière période de sa vieillesse.

Après quelques excuses sur mon indiscrétion, je plaignis ce doigt qui s'étendait comme une triste enseigne de souffrance, cette jambe immobile où je voyais une de ces infirmités qui séparent les hommes du mouvement de la vie, du commerce de leurs semblables, et font d'eux, quelles que soient d'ailleurs leur position et leur fortune, des êtres à part, des prisonniers, des infortunés condamnés à un isolement continuel.

Le père Govin posa sa plume, et me regarda d'un petit œil noir fort brillant, bien qu'enseveli sous une paupière à triple étage.

— C'est vrai, me dit-il, en hiver, je suis sujet au rhumatisme. Cela vient d'une balle qui s'est logée par là, lorsque j'étais à l'armée du grand Napoléon. Quant au doigt, c'est un coup de sabre qui me l'a abattu. J'en ai reçu bien d'autres, comme vous voyez !

Il montra ses poings en tous sens, d'un air fort consolé, et ajouta :

— J'en suis quitte pour ne pas prendre de tabac, et pour bourrer ma pipe avec le troisième doigt. Du reste, je suis fort bien ici, la jambe au soleil : je n'y sens presque rien, et je n'ai pas le temps de m'ennuyer.

A mon observation sur la longueur de l'hiver,

quand tout l'hiver est un temps de souffrance ; sur la difficulté de se soumettre à une vie aussi sédentaire avec l'habitude d'une grande activité, il répondit :

— Vous avez raison : ce maudit rhumatisme me tient presque toute la mauvaise saison à présent, et l'hiver est très-long, surtout à cause des soirées : on y sent davantage la pluie et le vent, quoique deux ou trois femmes viennent babiller avec ma vieille... Il grêle bien aussi de temps en temps par là, dans la journée... il montrait la cuisine d'un geste de l'épaule, avec un sourire un peu railleur, mais indulgent aux orages domestiques. Enfin si l'on considérait attentivement la chose, on pourrait dire : je ne suis plus comme le pinson sur la branche au printemps. Voilà pourquoi je me suis mis à écrire.

» Quand je suis ici, surtout les jours où il fait un peu de soleil, j'ai vingt ans, quelquefois dix, quelquefois trente... je m'arrête où je me trouve bien, et je suis heureux comme un prince !

Le travail littéraire ne s'était pas encore présenté à moi sous cet aspect.

Une petite félicité intime et constante qui suffit

a.

à tenir l'âme élevée au-dessus des souffrances physiques et des tribulations de la vie, un petit centre radieux qui peut s'établir comme un paradis inaccessible à toutes les misères, même au milieu d'un galetas !

J'en pris du respect pour le travail et pour le travailleur.

Toutefois, comme le père Govin n'était pas homme à s'en offenser, je me penchai familièrement sur ses écrits, et j'essayai de lire.

Il se mit à rire de très-bon cœur.

— Ce sont mes mémoires, dit-il. Ils commencent par mon signalement. Tenez : Govin, Jacques, conscrit de l'an ii, enrôlé dans la trente-deuxième demi-brigade ;

Visage plein ;

Teint coloré ;

Barbe pas ;

Cheveux blonds ;

Yeux noirs et grands ;

(Ils étaient grands dans ce temps-là) ;

Nez droit ;

Taille un mètre soixante-cinq centimètres.

J'ai allongé d'un bon pouce en battant le terrain allemand. C'est un bon exercice, ah! ah! ah!

Tenez, tenez, vous allez voir : il a changé plus d'une fois, mon signalement.

Il ramassa un paquet de feuillets, les tourna vivement des deux derniers doigts de sa main mutilée.

— Govin, Jacques, dit Barthelu.

(Parceque j'avais hérité du nom d'un mort : ce mort-là, c'était un pays. Nous étions si unis, même de notre vivant, si unis, que... une fois, à Strasbourg, comme il devait se marier avec une allemande, il fit un dédit par lequel on lui promettait, au cas où la belle, qui était la fille d'un brasseur, lui échapperait, une somme de... plus dix francs d'épingles pour Govin, ajouta-t-il avant de signer. Donc, ce ne fut point l'hymenée qui le vint prendre, mais la mort, et j'eus ses habits et son nom. Pauvre Barthelu !...

Govin dit Barthelu, sergent en la trente-deuxième demi-brigade (toujours) !

Cheveux châtains;

Barbe naissante; (voilà déjà du changement.) Ah ! taille un mètre soixante-sept centimètres.

Ici, voyez :

Govin, Jacques, préposé des douanes impériales ;

Figure ovale ;

Teint brun ;

Barbe rousse ;

Yeux moyens ;

(Ils commencent à s'enfoncer... une fièvre qui m'a tenu six mois à l'hôpital a creusé leur boîte... on ne me reconnaissait plus.

Hélas ! ô faiblesse humaine ! je crois bien qu'il fut un temps où, de berger, Govin se fit loup, et où son signalement fut un peu machuré... Des fredaines, des bamboches... pas davantage. Le soldat français est jeune parfois un peu longtemps, mais il garde toujours l'honneur sauf... Sautons ces feuillets-là...

Garde champêtre... voilà quel fut mon plus bel état. Mais vous ne trouverez pas ici le signalement de ce particulier. Pour celui-là, je l'ai laissé prendre par tous les mangeurs de fruits défendus qui n'hésitaient pas à me reconnaître, je vous en réponds ! quand je sortais de terre pour leur sauter au nez, comme le diable sort d'une boîte.

Ici Govin se mit à rire... d'un rire de bon vieux.

— Demandez-leur, à ceux qui l'ont croqué du pied à la tête en ce temps-là, quelle figure il avait. Moi, j'ai trouvé la chose trop compliquée pour l'écrire; car je fus en même temps, marchand, boucher, garde champêtre, sacristain, après avoir été fantassin, voltigeur, douanier, contrebandier.

J'ai changé de peau tous les cinq ans, en parcourant le monde; et, de retour dans mon village, je me suis montré dans plusieurs à la fois... sans préjudice à la franchise. Je finis par l'état d'écrivain, comme vous voyez.

En effet, le père Govin était devenu un homme tout à fait littéraire.

Des livres éparpillés autour de lui témoignaient qu'il s'enrichissait l'esprit en même temps qu'il dépensait les richesses de sa mémoire.

— Que de souvenirs vous avez amassés, mon brave Govin! lui dis-je en feuilletant très-indiscrétement son manuscrit.

— Je le crois! répondit Govin. Il y en a de gais; il y en a de tristes. (A ces mots il soupira.)

Les meilleurs pour moi, reprit-il, sont ceux du blanc-bec qui n'avait encore qu'un mètre soixante-cinq centimètres. Mais les plus intéressants pour le public sortiront des notes du garde champêtre.

Je venais effectivement de découvrir dans le manuscrit du vieux garde, nonobstant une grosse écriture tremblée et une orthographe encore moins lisible, quelques passages intéressants; toutefois ces mots imposants : le public, m'étonnèrent.

— Quoi! lui demandai-je, vous voulez vous faire imprimer?

Sans s'offenser le moins du monde de mon étonnement, car Govin était encore un de ces écrivains modestes que la louange n'a pas gâtés, il me répondit :

— Je veux d'abord écrire mes mémoires jusqu'au bout. Après cela, j'y ferai mettre l'orthographe par quelqu'un qui s'y entende; et puis, ma foi, qu'est-ce que cela fait que tout le monde lise les fredaines du petit Jacques de la trente-deuxième ou les aventures dont le père Govin a découvert le fil au clair de la lune?

— Mais... observai-je timidement.

— Je vous comprends... Govin saura-t-il gazer convenablement les choses? — Oh! soyez tranquille. Quand Govin a pris la plaque de garde pour se promener dans la campagne, il s'est dit : Mon garçon, quoiqu'il arrive, soit de jour, soit de nuit, souviens-toi que tu es ici pour le sérieux! et c'est de ce côté-là que dorénavant il a considéré les choses.

Quand il a pris la plume, il s'est dit de même :

— L'écrivain ne doit jamais plaisanter que jusqu'à un certain point. Tiens-toi en respect devant le public, et aie toujours en vue la morale. De cette manière, l'histoire d'un vieux fou comme toi, quoi qu'elle ne soit pas faite pour être mise dans la vie des saints, au lieu de scandaliser le public, pourra même lui être utile.

Que diable! si l'on n'écrivait absolument que le bien, on ne ferait guère de livres, et il y aurait beaucoup de gens qui s'ennuieraient en les lisant, ce qui les porterait peu à l'aimer. . . .

. . . .

Je goûtai les raisons du père Govin, et lui proposai d'être la personne à qui il voulait confier le soin de mettre l'orthographe à ses mémoires. Et, en vérité, je n'y ai guère corrigé ni ajouté autre chose, avant d'en extraire la *Page tendre* qui suit cette explication.

HIPPOLYTE DE CLAIRET.

UNE
PAGE TENDRE

DES

MÉMOIRES DU PÈRE GOVIN

I

. . . .

. . . .

Ce n'est pas bien d'avoir de l'orgueil, je n'en ai pas, et je dis pourtant qu'après M. le maire, je suis le personnage le plus important du village, sinon par la richesse, par l'autorité. Aucune affaire ne se passe sans moi, et mon rôle y est toujours le plus solennel.

Dans une fête où M. le maire revêt son écharpe, le garde champêtre est là sous sa main, comme une épée de cérémonie, pour donner le dernier lustre à sa gloire, être la dernière épingle de sa grande tenue.

Dans une rixe, une bataille, quand la colère ou le vin aveuglent les acteurs de la scène, et que les témoins font cohue, le garde champêtre vient constater les torts respectifs, mesurer le dommage, et répartir sur chacun la part de blâme qui lui est due.

Dans ces maraudages nocturnes où le pillard se croit chez lui, c'est encore le garde champêtre qui vient réveiller sa conscience, et crier tout à coup : respect au bien d'autrui !

Au milieu de la bouteille à l'encre, que d'empiétements et de revanches, d'assertions fausses et de démentis font deux voisins dont la charrue s'écarte volontiers au dernier sillon, il dit : « Là fut la borne plantée par vos auteurs ; » il signifie à l'envahisseur, comme l'Éternel à la marée montante : « Tu n'iras pas plus loin ! »

Il n'est pas jusqu'aux affaires d'amour où sa

figure n'intervienne. Oui, quand le dieu Cupidon, le malin dieu que l'ombre encourage dit :
« Les mamans sommeillent, la médisance aussi ; » l'innocence répond : « Mais le garde champêtre?... » Et pour elle c'est toujours quelque chose que de trouver une réponse à faire.

Que de lièvres étourdis, que de perdrix ingénues lui doivent aussi leur salut, quand son bâton rencontre et brise le piége du braconnier !

Le crime, le crime noir lui-même, — si, dans nos contrées paisibles, il passe sourdement le fil de ses trames sous les frais ombrages et les gazons verts, comme le baveux serpent ses menées aux bosquets du paradis, — le crime qui ne craint rien a peur du garde champêtre : le garde champêtre a suivi sa trace.

Bref, je suis le représentant des mœurs et du droit ; je suis la voix *impartiale* de l'histoire, — pour mon village au moins, — je suis l'arme de l'autorité ; je suis la main de la justice et l'œil de la Providence ; je suis celui qui voit tout.

Ah! quel homme que celui qui voit tout dans un village comme Laméville! Nul ne serait plus sûr. d'aller au diable, s'il ne fallait que l'y souhaiter. Et lorsqu'il apparaît au coin d'un bois, au tournant d'un sentier... il faut voir quel effet il produit! Des gens se changent en pierre; d'autres détalent avec des pieds de cerf... ou de biche.

Au clair de la lune, — dans ces champs où j'ai vu tant de choses, en marchant à petit bruit, le bâton à la main, la plaque de garde dans la poche, — à présent les souvenirs me viennent... me viennent; et je ne puis m'empêcher de rire, quand je pense, dans ces maisons silencieuses où l'on est si tranquille, combien de gens s'éveilleraient mal à l'aise si l'on savait que je veux prendre la plume!... Peut-être même que les morts qui dorment encore plus fort là-bas au cimetière se lèveraient, un doigt sur la bouche, et diraient : « Père Govin, ne parlez pas de cela! »

Sans doute : à quoi bon! Le grand rideau du temps tombe à propos sur bien des misères.

Mais, que voulez-vous! Govin a vécu long-temps. Il était conscrit de l'an XI. Il a été soldat, douanier, contrebandier; enfin, pour de bons ou de mauvais motifs, il a passé bien des nuits à la belle étoile; il a reçu plusieurs blessures; et, quand il s'est retiré dans son village, au paisible état de marchand qu'il cumulait avec celui de garde champêtre, ce fut avec deux compagnes qui lui rendirent parfois un peu longues les soi-rées d'hiver : son épouse et sa goutte sciatique.

Bonnes gens de Laméville, ce n'est donc pas pour vous molester qu'il a envie d'écrire, c'est pour se distraire. D'ailleurs, qui vous dit qu'il choisira les plus méchantes aventures? Il est vrai que les lacets tendus au gibier en contra-vention à la loi, les empiétements sur le champ du voisin, les vols nocturnes, et bien d'autres petits délits pour lesquels il n'avait point le droit de dresser procès-verbal, ont passé par ses

mains ; mais, outre qu'il fut garde, il était aussi
marguillier : pas un mariage, pas un enterrement, pas un baptême ne s'est fait sans lui... Or,
ce sont là des événements qu'on pourrait raconter à vos ennemis comme à vos amis ; quoiqu'à
la vérité, sous cette histoire qui est celle de tout
le monde, et qu'on écrit bien courtement à la
sacristie, il y en ait pour chacun une autre que
Dieu seul et le père Govin connaissent à fond :
ce qu'on appelle vulgairement le dessous des
cartes.

Je vois toujours — dans cette maison un peu
à l'écart, qui a la façade sur le village, l'autre
côté vers les champs, — cette petite lumière
triste qui brillota toute la nuit à travers les pommiers. C'était la nuit du 12 au 13 novembre 18...
Il faisait noir comme dans la gueule d'un loup :
— j'ai dit juste, puisque cette nuit, pareille à
l'animal sombre et dévorant, engloutissait une
vie.

Une voix faible gémit dans la maison ; puis

gonfla, grandit, s'éleva comme le son d'un instrument dont les cordes se tendent, se tendent et se brisent à la fin. Alors il y eut des sanglots de petits enfants, de grands cris de femme, et puis plus rien.

A l'aube seulement, quand de pâles clartés firent paraître rouge celle de la lampe nocturne qui trancha sur les blanches ondées de lumière comme une tache de sang, la porte de derrière grinça sur ses gonds, et quelqu'un sortit vivement de la maison, quelqu'un qui traversa le verger, plus rapide qu'un esprit, vêtu de grands haillons qui flottaient au vent, et portant dans de grandes mains sèches pareilles à des serres, un fardeau pressé avidement contre son sein. Et cette figure étrange, une fois sortie du landrage qui servait de clôture, éclata d'un grand rire, et se laissa aller à terre où elle s'assit pour regarder ce qu'elle emportait.

A chaque pièce, elle riait de nouveau, faisant sonner l'étoffe, et grommelait, en riant d'un rire

qui découvrait ses fortes dents d'une oreille à
l'autre, et mettait une étincelle dans sa prunelle
fauve :

— Ah! l'avare, elle m'a donné cela... cette
culotte de drap, ce gilet, cette coiffe... et c'est du
bon! c'est tout neuf!... Elle m'a donné cela...
Elle m'en donnera bien d'autre!

C'étaient les dépouilles, toutes chaudes, du
mort qu'elle emportait, les dépouilles du mort
et même de la veuve. Et elle, c'était une
femme connue, de manières bien diverses, qui
faisait bien des métiers, dont la plupart crai-
gnaient le grand jour : des métiers joyeux, qui
l'étaient surtout pour elle, car c'était une de ces
fines mouches accoutumées à vivre sur les dupes
et à rire en dedans encore plus qu'en dehors;
des métiers honnêtes, exercés sans mystère, mais
répugnants et lugubres. Ici c'est la fossoyeuse,
l'ensevelisseuse des morts qui leur tire soigneusement l'anneau qu'ils ont au doigt, si les
parents ont oublié de l'ôter, et leur bonne che-

mise pour les envelopper de guenilles, et vient, avant qu'ils expirent, guetter l'instant suprême; vient, comme la chouette, s'abattre auprès du corps qui va devenir cadavre. On l'appelait la *Noiraude*.

Elle ne tarda pas à reparaître pour ensevelir le mort.

Ce mort était Jean Parisot.

Il n'y eut à son enterrement rien d'extraordinaire : pas un cierge de plus, pas une larme de moins qu'on ne devait s'y attendre.

Marie-Reine restait veuve avec deux petites filles.

Marie-Reine!... Si je savais manier le crayon aussi bien que la plume, je ferais son portrait de profil à quelque page de mon livre; non qu'elle fût précisément jolie, même en ce temps-là. Quand une femme a passé trente ans au grand soleil, dont vingt ans de rude travail, et dix ans de mariage, comment voulez-vous qu'elle garde cette fraîcheur, cette grâce, ces mignardises qui font qu'on est jolie ? Non ; chez nous, tout cela n'a qu'un temps très-court. La femme est jeune fille, puis femme, puis mère ; et elle finit là. C'est pour cela qu'elle est née, et là qu'elle se consume : elle fait boire sa jeunesse aux enfants, et, ne vivant plus que pour eux, leur lègue sa beauté.

Aussi Marie-Reine n'était jolie qu'avec un nourrisson dans sa main déjà sèche et ridée ; elle trouvait à leur dire d'une voix flatteuse une foule de gentillesses, de tendresses, de caresses, avec des mouvements de tête si coquets, si agaçants, qu'à cela encore on la reconnaissait pour une de ces filles d'Ève qui se sentent de ses accointances avec le serpent. Partout ailleurs c'était une grande longue trique, dont le casaquin était vide, la joue creuse, mais les traits singulièrement beaux. Quand elle levait la tête en se redressant, les yeux baissés, pour regarder les gens du haut en bas, elle avait l'air de ces femmes qui vont jouer sur les théâtres les impé-

ratrices romaines... de ces impératrices à grande
volonté qui faisaient plier devant leur mine superbe plus que le genou, plus que les peuples...

Je crois, pour le peu que j'ai lu de leur histoire, qu'il y en eut de très-méchantes qui
n'écoutaient au monde que leurs passions... Eh
bien, c'était cela, sans les draperies de soie et la
couronne de papier doré.

Marie-Reine avait un grand air un peu étudié :
elle posait le pied doucement, — d'abord par le
talon, puis abaissait la pointe, quand elle entrait
quelque part en cérémonie, mais droite et la tête
si haute qu'elle regardait toujours — même les
plus hauts — de la façon que j'ai dit. Avec cela,
elle parlait bas, pinçant un peu les lèvres, des
lèvres fines qui semblaient toujours retenir moitié de sa pensée, soit pour en garder le secret,
soit pour ne mordre qu'à demi ; car, quand elle
était en colère, il en sortait des lardons sanglants,
malgré de longs yeux couleur d'eau qu'elle éle-

vait volontiers au ciel en parlant, mais plutôt comme pour le prendre à témoin que pour l'implorer humblement.

Enfin sur tous ses traits réguliers et nobles, bronzés par le soleil, dessinés nettement et sèchement par sa maigreur, il y avait je ne sais quoi de rigoureux et d'inflexible. Son costume était des plus simples; propre, mais aussi peu compliqué que possible : des jupes étroites presque toujours un peu trop courtes, de grosse étoffe résistant au lavage; des casaquins bien serrés par de fortes épingles, sur lesquels s'ajustait les dimanches un fichu servant de châle; ayant pour ornement, au cœur du corsage, la gorgerette très-blanche en mousseline épaisse d'une chemise rousse; une coiffure à l'avenant, c'est-à-dire qu'elle fût d'indienne de couleur ou d'étoffe blanche taillée de manière à ne rien coûter de repassage.

Jean Parisot était loin de laisser un empire à sa Reine.

Excepté un champ grevé d'hypothèques pour la moitié de sa valeur, je crois bien que de ses apports dans la communauté il ne restait guère que les deux petites filles.

De son vivant, il avait ses bras qui rapportaient trente sous par jour; et cela suffisait pour défrayer le ménage. Mais lorsqu'il fut mort, il n'y eut plus que le travail de la veuve, le produit du champ et du jardin. C'était bien peu de chose pour élever deux enfants; ce n'était pas seulement un morceau de pain assuré jusqu'à ce qu'ils pussent travailler; car si le champ produisait assez de blé pour l'entretien de la famille, étant grevé de moitié, il fallait payer en argent à peu près autant qu'il rapportait. Restaient la maison, le jardin : quelques légumes, six ou huit arbres fruitiers, un peu d'herbe au-dessous...

C'était là tout l'avoir de Marie-Reine.

Aussi bien des gens la plaignaient en la voyant, avec ses deux petites orphelines, derrière ce cercueil qui emportait non-seulement leur père, son mari, mais tout leur appui, toute leur fortune et toute leur espérance.

Elle, elle le regardait d'un œil fixe et morne, si stupéfaite qu'elle en oubliait de jeter ces hauts cris qui sont en usage aux enterrements dans nos villages, et serrait ses enfants contre elle, comme si elle avait peur de tout perdre à la fois.

Le lendemain, M. le maire, qui ne manque jamais une occasion de bien placer ses écus, me fit appeler pour lui donner les tenants et aboutissants du champ de Parisot; mesura lui-même le terrain, en examina scrupuleusement la qualité, se rendit chez la veuve, et lui dit :

— C'est une triste chose que de rester veuve à ton âge, chargée de famille, ma pauvre Marie-Reine, et te voilà terriblement réduite !

— C'est vrai, monsieur le maire! dit la veuve avec son grand air qui était alors une fort bonne contenance de résignation et de dignité. Une femme gagne peu, surtout quand elle est chargée

d'enfants encore incapables de se garder seuls.
Mais puisqu'il en est ainsi!...

— C'est juste : on ne fait pas son sort. Tu
prends le tien tel qu'il est; tu as raison. Les enfants sont petits, il faut donc avant tout les soi-
gner, les raccommoder. Tu ne les abandonneras
pas à la grâce de Dieu pour aller en journée, où
tu serais nourrie en même temps que payée; tu
vivoteras du produit de ton jardin, tu cultiveras
ton champ, tu seras bonne mère, bonne ou-
vrière... C'est fort bien; le diable, c'est que tout
cela ne te mènera pas à la fin de l'année. En
toute position, il faut joindre les deux bouts, ma
fille!

— On fera ce qu'on pourra, monsieur le maire.

— Allons : en vivant d'économie, c'est-à-dire
de rien ou à peu près, en faisant à la tâche
quelques béchaisons, quelques sarclages, tu
pourras peut-être à la rigueur attraper la
Saint-Sylvestre, tant que les enfants ne man-
gent guère et s'habillent d'une feuille de chou;

mais on dit que Parisot a laissé des dettes ?

— C'est la vérité.

— Comment feras-tu pour les payer?

— Qui a terme ne doit rien.

— Ah! ah! le terme le plus éloigné finit par arriver.

— J'y compte bien.

— Tu y comptes... Et que veux-tu faire? Amasser, quand tu n'en as aucun moyen? Te priver, quand tu n'as pas le nécessaire?

Elle ne répondit pas.

— Où prendras-tu seulement pour payer la rente de ce que tu dois? Et si tu ne la paie pas chaque année, elle augmentera d'autant le fonds de ta dette. Celui qui a la moitié du champ, l'aura bientôt tout entier : alors plus de blé, plus de pain ; il faudra vendre ta maison pour acheter du pain, et chercher quelque part un asile pour toi et tes petites orphelines... Crois-moi, préviens le malheur plutôt que de l'attendre. De bel et bon argent comptant vaut mieux qu'un mauvais champ qui, tout en ayant l'air de rapporter, finit par faire la ruine d'une maison.

Tout en parlant, il tira de sa poche une somme qui parut énorme à Marie-Reine.

— Combien veux-tu de ton champ? poursuivit-il en remarquant l'effet produit par la vue du métal.

— Combien avez-vous là? demanda Marie-Reine, les yeux toujours fixés sur l'or.

— Huit cents francs : deux cents francs de plus qu'il ne faut pour payer tes dettes. Avec cela, tu es quitte de labourer, ensemencer et faucher un champ qui, pour cet ouvrage au-dessus des forces d'une femme, te rapportera justement de quoi empêcher les créanciers de te saisir; tu as le repos, la tranquillité, et dix francs de rente qui ne doivent rien à personne.

Marie-Reine avait réfléchi en contemplant l'abondance tentatrice que l'amateur de son champ avait mise sous ses yeux.

—Cachez cela, monsieur le maire, dit-elle enfin

avec un geste de la main et un mouvement de
tête, qui montrait clairement qu'elle avait pris
une résolution inébranlable. Il y a peut-être des
gens assez sots pour donner des milliers de mè-
tres de terre pour une poignée d'or; mais ce
n'est pas moi; et il ne sera jamais dit que j'ai
ôté à mes enfants la moindre chose de leur héri-
tage.

M. le maire haussa les épaules, et me parla
plus d'une fois, dans l'année, de l'entêtement de
certaines gens qui allaient volontairement à leur
perte, et se refusaient à le voir jusqu'à ce qu'ils
fussent réduits à la mendicité.

— Cela devient une charge pour la commune,
disait-il, quand il ne leur faudrait qu'un peu de
bon sens pour se tirer d'affaire comme tout le
monde, en s'arrangeant selon leurs moyens;
mais l'orgueil les pousse : cela veut être proprié-
taire!

J'étais de son avis sur cette vanité, et je ne pus
m'empêcher de montrer ma pensée à Marie-Reine,

un jour qu'elle labourait ce pauvre champ avec un âne et une vache qu'elle avait empruntés.

— Marie-Reine, lui dis-je, vous n'avez ni le bras d'un homme pour tenir la charrue, ni cheval pour la traîner, ni fumier pour le champ, et la terre ne produit qu'à force de travail et d'engrais. Où tout cela vous mènera-t-il? »

Elle me regarda un moment; et, voyant sans doute sur ma figure un air d'intérêt plutôt que de blâme, elle me répondit :

— Je sais bien, ami Govin, que je tâche l'impossible, et que ce métier-là n'est pas à faire longtemps. Si cela devait durer toujours, ce serait une folie de s'y entêter; mais... j'ai un projet... et... qui vivra verra.

L'année suivante, M. le maire fut bien étonné quand il apprit qu'elle avait payé l'intérêt de l'argent qu'elle devait sur son champ.

Il le fut bien plus encore, quand, trois ou quatre ans après, on lui rapporta que la dette entière était acquittée. Il n'en revenait pas; et s'il ne dit pas immédiatement ce qu'il en pensait, j'eus lieu d'en soupçonner quelque chose à la tournure de ses idées, chaque fois qu'il passait devant le petit bien en question.

— Un brave homme, disait-il, sème long-temps du blé dans un champ avant d'en tirer de l'or. Au prix où est le grain, vingt-six francs les cent kilos, ce n'est pas avec cela qu'on peut couvrir ses frais et battre monnaie... à moins d'être femme...

Une autre fois il murmurait :

— Un pauvre diable, s'il devient veuf, décline tous les jours : ses habits se percent; sa maison s'en va ; tandis que les femmes prospèrent surtout dans le veuvage : c'est là qu'elles deviennent pimpantes ; là qu'elles trouvent le secret de s'enrichir... Ces trois journaux valent au moins quinze cents francs (il en avait offert huit cents), et c'est une fortune lestement acquise. Mais les honnêtes gens n'envient pas ces sortes de fortunes. L'honneur est le premier des biens; celui qui gagne sa vie honnêtement, gagne toujours assez...

Enfin il lui venait à ce sujet une foule de pensées morales qu'il serait peut-être immoral de répéter ici.

Ce qu'il y a de certain, c'est qu'après avoir payé son champ, Marie-Reine acheta une vache dont elle éleva la génisse, ce qui mit une grande abondance dans la maison; que les petites filles furent toujours fort proprement vêtues; qu'elle les envoya exactement à l'école, puis en apprentissage chez une bonne couturière qui leur montra à raccommoder le linge, à tailler les robes et à faire des habits.

II

La terrible nuit de novembre s'effaça comme un mauvais rêve; et là où j'avais entendu ces cris plaintifs, puis cette voix faible tout à coup forte et puissante, qui se brisa dans la gorge d'un mort, là, auprès de la clôture du verger, un soir de septembre, comme tout avait changé!

La vache, une belle vache rouge et blanche avec son petit absolument pareil, paissait sous les arbres chargés de fruits dont le poids arrondissait les branches; une longue toile mi-blanche s'étendait sur la haie attendant la rosée; et la maison entr'ouverte laissait voir des monceaux de légumes qu'on rentrait pour l'hiver; des paniers remplis pour le marché du lendemain; et l'on entendait aux environs ce qu'on entend dans les lieux paisibles, champêtres, solitaires, qui pourtant ne sont pas déserts ni abandonnés: quelque bruit faible aussitôt perdu dans le silence; le bêlement d'un agneau, le claquement d'un fouet de l'autre côté dans la rue, l'aboiement d'un chien bien loin, bien loin dans les champs; enfin rien ou plutôt, si fait, quelque chose; le bonheur.

Près de ce lieu coule la W..., cette petite

rivière si tranquille que tout le monde connaît dans le pays. Elle longe l'enclos, creusant
juste à côté du landrage, une fosse assez profonde pour qu'on y puisse mettre rouir le chanvre.

Il y avait au bord de la W... un jeune garçon
qui venait d'amener du chanvre : la brouette
chargée était là ; le garçon y prenait, un à un,
les paquets qu'il tendait à une jeune fille au bord
de la rivière où baignaient ses pieds nus ; son
jupon court, rendu plus court pour la circonstance par quelques épingles, laissait voir sa
jambe ronde et blanche ; et l'eau jouait autour
de la jambe, frôlait le bord du jupon.

Le garçon et la fille jasaient tout en travaillant.

— Alors, Génie, c'est ton profit ? demandait le
garçon.

— Oui, ma mère m'a donné les roises, parce
que je suis la plus grande, et qu'il faut que
j'amasse la première...

— De quoi te faire un trousseau ?

— Mon Dieu, oui.

— As-tu déjà beaucoup d'argent ?

— Oh ! ma fie, non.

— Et d'amoureux ?

— Encore bien moins.

— Tu dis cela comme un gros mensonge. Tu en as, ne serait-ce que ce beau M. Gagnon, qui te regardait tant à la dernière Saint-Lambert, quand tu avais ce joli bonnet à rubans roses...

— Quelle bêtise ! Est-ce que j'étais seule avec un bonnet à rubans ? Nous étions ensemble au moins dix petites filles déjà grandes...

— Mais, dimanche dernier, laquelle a-t-il fait danser ? Avec qui a-t-il causé tout bas ? Et quand la nuit venait, à qui a-t-il glissé quelque chose dans la main ?... — Ah ! mon Dieu, comme tu mènes le chanvre ! Prends donc garde... Voilà que tu retournes ton tablier... — Tiens ! tiens ! qu'est-ce qui tombe de ta poche ?

Un papier nageait sur l'eau. Ils se poussèrent en riant tous deux pour l'avoir : ce qui fit sauter jusqu'aux cheveux blonds de la jeune fillé tant de gouttelettes d'eau qu'on aurait dit la folle chevelure des haies couverte de rosée, et elle quelque rose sauvage brillant par dessous.

Cela m'amusait de les voir.

Ils s'assirent bientôt sur le bord de la brouette, tenant le papier. La jeune fille s'attachant de la main au cou du garçon, parce que la brouette chavirait de son côté; lui la retenant par la taille; elle lui confia qu'en effet ce papier était une lettre de M. Gagnon.

On la lut comme on put au milieu des balancements de la brouette et dans la commençante obscurité.

C'était une demande en mariage, en bonne et due forme, de la part d'un certain commis qui énumérait loyalement tout son avoir, et offrait un sort avantageux à la jeune fille avec la condition agréable de vivre à la ville, occupée d'ou-

vrages bien moins pénibles et bien plus lucra-
tifs qu'à la campagne...

Génie croisa ses jambes nues sur lesquelles
elle tira son petit jupon aussi bas que possible,
et dit à la fin :

— Tu vois qu'il ne tient qu'à moi de devenir une grande dame et de broder à la fenêtre,
dans un fauteuil, au lieu de descendre dans l'eau
pour mettre rouir le chanvre...

Il la regarda comme s'il ne l'avait pas encore
vue, et de l'air de quelqu'un qui, ayant manié
longtemps un vase de cuivre, s'apercevrait tout
à coup qu'il est d'or pur.

Il baissa la tête et murmura :

— Cela t'irait bien de vivre entourée de beau
monde dans une belle maison à la ville, de porter des chapeaux à fleurs et des robes de soie...

Elle se carra un moment dans sa petite vanité
de fille qui caressait cette louange détournée,
et dit :

— C'est vrai : j'aime les belles robes, le beau

monde, les jolies façons; mais il y a quelque chose qui me défend d'y songer seulement à cette douce vie que tu dis là ; et, je t'en prie, ne parle jamais de cette lettre, Francis; c'est un secret, un secret entre toi et moi !

— Un beau secret! fit Francis en secouant tristement la tête. Il faut dire ces secrets là aux filles... pour moi, j'aimerais mieux ne pas le savoir.

— Qu'est-ce que cela te fait? As-tu peur de parler malgré toi?

— Ah ! quand je parlerais!...

— Ce serait très-mal, Francis ; tu me ferais de la peine, parce que cette lettre, vois-tu, ne fait que me montrer une chose impossible : c'est comme une dérision.

— Oh! ce n'est pas vrai ! Pourquoi te proposer une douce vie qui te plaît serait-il une dérision? Pourquoi te voir une belle dame est-il impossible? Et quel danger de laisser connaître ce qu'on t'a proposé ?

— Un grand danger, Francis.

— Dis au moins tes raisons?

— Je n'en ai qu'une pour tout cela, une seule; mais quelle raison! Francis, elle en vaut mille. Tiens, regarde là-bas!

La grande Marie-Reine venait de sortir de la maison par la porte de derrière: elle était allée voir si le vent du soir n'avait pas dérangé sa toile sur la haie. On distinguait à travers les arbres sa grande figure roide et sa grande main brune qui lissait les plis avec soin, comme si elle eût préparé une nappe blanche pour les oiseaux du ciel; et, tout en travaillant ainsi d'un mouvement sec et brusque, son cou se tendit vers les deux enfants à qui elle jeta du fond de son œil, plus creusé déjà que celui d'une vieille, un regard plus jeune que celui d'une fille de seize ans.

— Sais-tu, Francis, poursuivit la petite sans retirer sa main ni repousser le bras qui soutenait sa taille, sais-tu ce qu'à fait et dit cette femme-là? Depuis dix ans qu'elle est restée pauvre, toute seule, chargée de dettes et de petits enfants, elle a pris — pour ne jamais s'en séparer — deux compagnons durs et sévères comme de méchants maîtres, dont l'un lui disait, quand elle était fatiguée : « Tu n'as pas fini ta journée ! » et, quand venait le sommeil : « Ouvre les yeux ! » L'autre, quand venait le froid, la chaleur ou la faim : « Épargne le vêtement, le bois, le pain, le temps ! » Et lui arrachait toujours des mains pour remettre dans l'armoire la moitié de ce que son corps demandait.

« Mais son cœur était content et se soumettait volontiers à ces deux maîtres qu'on appelle : le travail et l'économie ; mais un travail et une économie tels qu'une mère comme elle seule les connaît. Elle était même joyeuse de voir, grâce à eux, s'augmenter son avoir, et se mirait d̓ sa richesse, excepté certains jours où h·˙ une grande peine dans l'esprit mait plus rien ; alors rien ne la consolait de cette grosse peine, rien ne la délassait de ce grand travail où elle vieillissait, chaque année, du double de son âge, que la vue de ces petites filles pour l'amour de qui elle rognait moitié de ses jupes, elle laissait moitié de son pain, elle filait, l'hiver, toute la nuit, auprès d'un tout petit feu, elle faisait, l'été, jusqu'à deux moissons... Et je peux bien te le dire, entre nous, sa préférée était son aînée qui lui ressemblai͏̈   ͏̈ui dit, aussitôt après sa première commu.   Nous marierons notre Adeline à un hon.   ͏̈i ait une maison, et celle-ci sera pour toi.   ͏̈ deux chambres et un cabinet : j'en gardera   pour moi, je te donnerai les deux autres.   ͏̈ne cela nous ne nous séparerons jamais... » A   ͏̈ comprends à présent ma raison ?

— Je comprends que tu veux rendre à   ͏̈une mère ce qu'elle a fait pour toi, et la dé-   ͏̈r, par ta douce compagnie...

   ͏̈ur travail, de sa lourde peine ;

à celle qui, pendant dix ans, a souffert pour moi la faim et la soif, donner tous les jours le besoin du cœur... c'est cela même, Francis.

— Mais ce que je ne comprends pas, c'est ton secret. Pourquoi lui cacher la lettre de M. Gagnon ?

— C'est que, pour l'amour de la fortune qu'il m'offre, c'est que, dans l'idée de me voir plus heureuse, si elle savait cela, la pauvre mère ! elle voudrait s'ôter sa fille, comme elle s'est ôté son pain. Mais moi, pour or ni pour argent, je ne veux épouser nul autre qu'un homme de Laméville, qui ne quitte jamais Laméville, qui demeure avec moi là, dans ces deux chambres que ma mère nous donnera. Tu vois cette fenêtre ouverte ? C'est celle du cabinet... quand je dis deux chambres, c'est une chambre et un cabinet : la chambre pour nous, le cabinet...

Le jeune homme se mit à rire d'un rire naïf ; et la jeune fille, qui rougissait, se cacha le front dans les plis de sa veste bleue.

— Mais... dans la chambre... mais qui donc nous, Génie? reprit-il en riant toujours.

— Eh bien, moi et celui que j'épouserai, répondit-elle en riant aussi.

Quand elle eut dit cela, ils regardèrent tous les deux la fenêtre ouverte et peu à peu redevinrent sérieux; ils firent plus que la regarder; on peut dire qu'ils la contemplèrent.

Ensuite le jeune gars reprit comme un homme qui vient de réfléchir profondément:

— Alors si quelqu'un de Laméville, qui ne quitterait jamais Laméville, qui voudrait vivre avec toi dans ces deux chambres à côté de ta mère, te demandait en mariage, tu le préférerais donc à M. Gagnon?

— Sans doute. Mais... quelqu'un... qui donc quelqu'un, Francis? demanda la jeune fille avec un sourire malin et joyeux.

— Quelqu'un qui t'aimerait...

— Qui m'aimerait? reprit-elle d'une voix lente.

C'est drôle! Cela me fit un effet d'entendre ce mot-là : aimer! C'était un joli mot au bord de cette rivière tranquille, dans cette haie d'aubépine où ils s'étaient blottis l'un contre l'autre ; il me semblait entendre gazouiller deux oiseaux ; non pas de ceux qui gazouillent du matin au soir, à propos de rien, mais de ceux qui chantent, quand ils commencent à aimer, un certain chant tout différent des autres.

Le père Govin écoutait donc d'une oreille attentive ; et eux — les deux enfants qu'il écoutait — quand ils eurent dit l'un après l'autre et répété ensemble et filé doucement cette note amoureuse, ils se turent comme s'ils avaient peur de jouer avec le feu.

Ainsi qu'on a pu le remarquer dans mon récit, cette petite était l'aînée des filles de Marie-Reine, on l'appelait Génie ; du moins c'était le nom qu'on lui donnait communément.

Les gens qui voulaient bien parler disaient : Eugénie, et les cérémonieux : mademoiselle Eu-

génie. Mais ils avaient tort : car ce fut sous le
nom de Jeanne qu'on la baptisa. Génie, apparemment, voulait dire Jeannienne, manière plus nouvelle que Jeannette d'habiller ce vieux nom ; car,
à présent, dans nos villages, on cherche le dis-
tingué. Mais qu'importe le nom ; eût-il été tourné
en Jeanneton, c'était celui d'une bonne et belle
fille, blonde comme les blés, droite comme un
jonc, modeste comme l'image de la Vierge dont
elle était sacristine... enfin une fille qui, dès
qu'elle devint grande, attira tous les yeux sans
le vouloir : oui, tous ; et fit sentir à plus d'un de
ceux qui la regardaient, la place ou était son cœur...

Croiriez-vous que le père Govin en fut de ceux
qui le sentirent ?... Oui, le vieux Govin, — le
conscrit de l'an XI, — que le sabre des prussiens a marqué sur la face et sur les mains, le
vieux Govin qui marche avec une béquille quand
souffle le vent du nord... Mais ce ne fut pas précisément de la manière que vous pouvez penser ;
et vous saurez plus tard d'où cela provenait.

Nous avons tous été jeunes, ceux qui ne le sont plus !

Quant au garçon, je ne vous en dirai pas si long sur son nom de baptême. Quel que fût son patron, il fut bien honnête de se charger de lui. Moi, si j'étais saint, je ne me dérangerais pour suivre sur la terre que les jolis minois... On guette, dans notre état, tant de vilaines trognes !

Francis n'était pas plus mal tourné qu'un autre. Quoiqu'il eût à peine deux ans de plus que Génie, c'était un garçon robuste : il battait fort bien le fer dans la boutique de son père le maréchal, et le battait en mesure en chantant d'une de ces belles voix qui feraient croire que l'homme de qui elles sortent a dans sa poitrine quelque chose de plus énergique et de meilleur que les autres.

Peu de temps après la petite scène du verger, étant allé conduire du blé à la ville voisine, il avait eu occasion de faire entendre cette belle voix dans l'auberge, à une société joviale et sans façons. C'étaient des acteurs, et, parmi eux, le chef de la troupe. Il promit à Francis des sommes pour le suivre, et lui assura que bientôt il deviendrait capable de gagner beaucoup d'argent.

Francis prit d'abord cela pour une plaisanterie. Mais c'était très-sérieux; il le vit bien à la fin. Alors il répondit : « Que *pour or ni pour argent il ne quitterait Laméville.* »

Il ne dit pas pourquoi, et personne ne le lui demanda, pas même Génie. Il pensait comme elle, elle pensait comme lui, et pas un ne dit à l'autre : tu as raison.

Ils ne se dirent ni cela ni rien de plus particulier; mais Francis choisit toujours, pour aller en moisson, le même maître que Génie; il se trouva toujours sur son chemin, lorsqu'elle revenait de sa journée de couture, et, chaque soir d'hiver, au coin du feu de Marie-Reine qui lui donnait du chanvre à teiller.

Aussi, quand revint la Saint-Lambert, alors

qu'ils commencèrent à compter parmi la jeunesse du village, la grande voix du public avait ordonné qu'ils iraient à la fête au bras l'un de l'autre.

III

On écrit, on raconte l'histoire de tous les pays, les coutumes de tous les peuples, et dans ces vieilleries c'est à qui cherchera du neuf, bien rare, je crois, à présent, à moins que ce soit si peu de chose qu'on ne l'ait dédaigné. Des miettes, voilà ce que nous ont laissé nos anciens à nous autres, écrivains tardifs.

Mais les miettes de l'histoire ne sont pas tout à fait rien ; les miettes des mœurs et coutumes non plus ; peut-être même sont-elles plus friandes que les gros plats. Dans tous les cas, ce serait dommage de les laisser perdre, quand on a eu la chance d'en ramasser quelques-unes. Ce sont des reliques du passé, ce grand et superbe défunt qui ne ressuscitera jamais; et les reliques des morts illustres se recueillent toujours avec intérêt, se gardent avec respect, si petites qu'elles soient.

Il en est de cela encore comme de l'ouvrage d'un peintre que je rencontrai, un jour, assis dans les champs sous son parapluie. D'autres avaient peint déjà le paysage qui, de la hauteur où il était, apparaissait vaste et brillant. Plusieurs même s'étaient plu à le reproduire, et très-bien. Il en existait au moins six beaux tableaux à ma connaissance; en raison de quoi, mon homme si occupé me parut perdre son temps.

— Monsieur, lui dis-je, plus de vingt sont venus ici avant vous, et je crains bien qu'ils ne vous aient rien laissé à faire.

— Je sais, je sais, dit-il en souriant : cette vue est très-connue; mais cela ne m'empêche pas de trouver ici du nouveau. Aucun de ceux qui ont fait ce vaste paysage n'y a placé, je gage, ce que je peins en ce moment.

Je regardai. Il peignait un chardon, une touffe de grandes feuilles d'un vert luisant à côtes blanches, demi-transparentes au soleil; un beau chardon, ma foi ! qui bien éclairé, bien ombré, bien détaché, bien étudié — comme il disait — faisait un fort bon effet sur sa toile.

Bref, l'histoire du pèlerinage de Saint-Lambert, non loin de Laméville, et des circonstances qui le précèdent, est dans la grande histoire de Lorraine le chardon dans le tableau, la plante imperceptible, la miette dédaignée par les grands conteurs; et Govin peindra le chardon, ramassera les miettes.

Il en est temps : car déjà la chambre attenant à l'église, la chambre, logis de l'ermite qui présidait primitivement à la Saint-Lambert, ne saurait plus loger personne; bientôt l'église aussi s'en ira pierre à pierre, et il en sera de même de l'usage qui réjouit encore aujourd'hui quelques bonnes gens.

Nos enfants demanderaient, en passant au Vallon de Saint-Lambert : Quel est ce tas de pierres auprès de la fontaine, et nos petits-enfants ce que signifient les mots *saudé* et *saudée*, si Govin n'expliquait tout cela dans ses mémoires.

A la vérité, en commençant ici, je commence par le plus difficile.

Que signifie le mot *sauder* ?

Peut-être les savants le savent-ils, ou du moins parviendraient-ils à le savoir, s'ils s'en occupaient ; mais pour ceux qui *saudent*, chaque année, les garçons et les filles, tant à Laméville qu'aux environs, ne le leur demandez pas ; ils sont du grand nombre des gens qui ne savent ce qu'ils disent et qui parlent d'autant plus fort.

J'ai eu, à ce sujet, une discussion très-chaude avec M. le percepteur des contributions.

— *Sauder* n'est pas fiancer, n'est pas promettre, n'est pas engager... Qu'est-ce donc que *sauder?* demandai-je, moi qui voudrais pouvoir me rendre compte de tout.

— *Sauder?*... *sauder*... s'écria-t-il, eh! parbleu, *souder* les cœurs ensemble!

Mais bien qu'elle eût un joli côté, je ne pus m'accommoder de cette raison de ferblantier.

— Non, répliquai-je, ce n'est pas cela puisque vous entendez tous les jours nos jeunes ouvriers dire qu'ils *soudent* et non qu'ils *saudent* au plomb ou à l'étain.

Puis réfléchissant:

— Je croirais plutôt, ajoutaï-je, que *sauder* doit venir de *souderu*, séparer, choisir, mettre à part; car j'ai tenu longtemps garnison dans les départements du Rhin, et remarqué que beaucoup de mots allemands sont restés dans notre patois, bien que défigurés.

Je ne l'ai pas convaincu; mais il a beau crier, cet entêté de percepteur, ce n'est pas plus drôle que le sonderbund tiré de la même source. Bref, je l'ai dit, je le soutiens, et mes lecteurs feront

bien d'adopter mon idée comme la moins sau-
grenue.

Donc, le premier dimanche de Carême, on sé-
pare de la foule, on *choisit* parmi la jeunesse, et
l'on *met à part*, deux à deux, ceux que la voix
publique à déclarés former la paire, soit parce
qu'ils s'aiment déjà, soit parce qu'ils se convien-
nent très-bien ou si mal que l'assemblage amuse
et varie le coup d'œil.

Ailleurs on fête d'une manière analogue la
Saint-Valentin avec toutes sortes de façons senti-
mentales, si l'on en croit les romanciers.

Ici l'état des amours se dresse comme un procès-verbal. La jeunesse le rédige, le porte chez
M. le Maire qui y appose sa signature et son pa-
raphe.

De là on se transporte sur un lieu élevé, un
balcon, une fenêtre, d'où l'on crie :

« *Saudés, saudés, monsieur un tel et mademoiselle une telle! ne sont-ils pas bien saudés? Qui en
rira?* »

Et quand la foule ne rit pas, elle applaudit.

En certains pays, le soir, on allume des feux sur les montagnes à l'heure où les *saudés* se rendent chez leurs *saudées*, — où l'usage veut qu'ils soient invités à manger des gaufres le dimanche suivant.

Ainsi, grâce aux vieilles coutumes, commence gaiement chez nous le triste temps de carême ; ou, si vous voulez, ainsi la folie de jeunesse embellit le premier jour de pénitence au sortir du carnaval ; ainsi elle gaze le premier pas vers le mariage… quoique tous les *saudés* soient loin de devenir maris et femmes. L'usage ne les oblige qu'à cette visite, puis à ces gaufres de la part de la jeune fille auxquelles le jeune homme riposte en la conduisant à la foire de Saint-Lambert, le dimanche de la mi-carême.

IV

Au flanc d'une colline, à l'entrée d'un étroit vallon est l'église où je vous ai dit que pendait déjà le logis en ruine de l'ancien serviteur de Dieu, auprès de la fontaine dont on va encore boire l'eau pour guérir de la fièvre.

Un prêtre dit la messe dans cette église, le jour de la fête; et, sur le plateau le plus élevé, s'établit un champ de foire avec ses tentes et ses tréteaux, ses marchands, ses faiseurs de tours, ses ânes, ses charrettes et sa grande rumeur qui étourdit les cœurs joyeux.

Là on arrive de toutes parts, par divers chemins, les uns raboteux, étroits; les autres larges, spacieux, parmi lesquels il en est un planté, comme une avenue royale, de beaux tilleuls, qui voient depuis deux cents ans les pâles fiévreux se traîner vers la fontaine, les gais amoureux courir à la fête, les enfants bourdonner à travers les groupes, et les vieux — nous autres qui réfléchissons, faute de mieux — se chercher dans tous les âges et se retrouver par-ci par-là.

Salut aux grands arbres, au grand chemin!

Dans celui-là on va deux à deux, solennellement enlacés par les bras, à moins qu'on ne se tienne par la taille, sans malice : l'usage, aux champs, n'est point revêche, et la sagesse se garde sans faire beaucoup d'embarras.

Salut aux sentiers qui grimpent au flanc des collines!

Dans ceux-là on marche à peu près l'un devant l'autre en se tenant par la main, et chacun arrive au sommet.

Salut au vieil usage! au brave saint qui étend sur la place rustique un pan de sa robe pour abriter le plaisir!

Voici le crin-crin des ménétriers, les grands

fourgons bien approvisionnés, et surtout les boutiques...

N'allez pas là pourtant pour monter vos ménages ou votre garde-robe; vous trouverez tout juste de quoi vous amuser, et pas autre chose. Amusez-vous, petits enfants, comme si c'était la Saint-Nicolas : il y a dans les boutiques des fioles de verre pleines de petits bonbons de toutes les couleurs, des coqs de sucre, du jus de réglisse en tablettes ou en bâtons, du sucre d'orge moulé en toute espèce de formes agaçantes, des pains d'épice... ah! surtout des pains d'épice.

Un homme attaqué par les gaufres peut-il mieux riposter qu'avec des pains d'épice! il les choisit en cœur, piqués d'amandes blanches...

Et pourtant le marchand de pains d'épice n'est qu'un conscrit devant le marchand de sifflets. Les sifflets sont une spécialité de la Saint-Lambert; mais des sifflets comme on n'en voit nulle part ailleurs! surtout en si grand nombre.

Ils sont en plomb, ornés d'une petite roue dont

les ailes formées de quatre cœurs réunis par la pointe tournent quand on fait jouer l'instrument. Ils sont enfilés d'une faveur rose, rouge, bleue, verte, blanche (le jaune est offensant), qu'on passe au cou des jeunes filles; et il n'est défendu à personne de venir faire tourner la roue, à moins que le *saudé* donneur de sifflets ne soit plus jaloux qu'un sultan.

Je vis Francis et Génie près d'une ce ces boutiques.

Mon Dieu! les pauvres enfants, comme ils riaient à faire tourner cette roue! Je ne sais à quoi ils pensaient... à rien probablement; mais tout l'esprit du champagne ne petille pas plus fort dans les yeux des buveurs; toute la félicité des bienheureux ne rayonne pas davantage autour de leur tête... Des flâneurs, comme Govin, se plaisaient à les regarder; mais eux, les innocents, ils ne les voyaient pas, ils ne voyaient qu'eux-mêmes; ils se croyaient seuls dans cette bagarre... peut-être seuls au monde.

Ah! il faudrait cela! Pour rester longtemps dans cette douce garnison de la vie qu'on appelle le bonheur, il faudrait qu'on fût deux, rien que deux!

Mais, hélas! déjà la petite sœur se haussait sur les pieds pour jouer la grande et remplacer sa sœur aînée; déjà les malins, déjà les envieux s'amassaient autour de la belle fille en sa fleur de jeunesse, pour tâcher de souffler méchamment sur la roue où soufflait innocemment le premier amour.

Francis avait été généreux : Génie avait au moins vingt sifflets à des rubans de toutes les couleurs brimbalant sur son sein; vingt sifflets dont la roue s'agitait et bourdonnait tour à tour sur ses lèvres rouges et autour de ses joues roses, comme l'aile de ces mouches qui caressent les fleurs; quand une main plus hardie que les autres en choisit un là où ils pendaient, le porta à des lèvres encore plus insolentes qui en tirèrent des sons si aigus et s'approchèrent si près de l'oreille de Génie, que sa tête se rejeta en arrière sur l'épaule de Francis, et que Francis serrant le poingt devint pâle de colère.

Je tendis ma béquille entre les deux garçons; car, chez nous, sans être méchant, on assaisonne volontiers le plaisir d'épices un peu fortes.

— Voïou! cria Francis au lieu de frapper.

Et il avait raison, sinon de ne pas frapper, au moins d'appeler cet homme-là voïou! C'était, par ma foi, son nom et son signalement des pieds à la tête : un mauvais ouvrier, pilier de cabaret, à la veste râpée, aux bottes éculées, troussant sa moustache en croc comme un maître d'armes, et s'il recevait du pied quelque part, filant comme un lapin.

Ah! quand j'avais son âge, si un homme quelconque m'avait montré le poing!... Mais lui, je ne sais s'il vit seulement le poing de Francis, s'il entendit le mot; comme si, Francis et moi, nous n'étions pas là, il riait de la peur de la fille, il s'en délectait, et dardait sur elle des yeux de loup. devant un agneau.

Je m'avançai alors plus avant entre elle et le voïou qui me lança une bravade, un malin quolibet, et disparut.

Je le retrouvai, un instant après, dans une compagnie tout à fait digne de lui, au beau milieu de laquelle je reconnus cette sale et méchante Noiraude plus âgée alors de dix ans que la première fois que j'en ai parlé.

Si elle attirait les jeunes gens, ce n'était pas ou ce n'était plus par ses charmes, à moins que ce ne fussent des charmes de sorcière; et elle en avait la mine et le renom.

Ce qu'il y a de sûr, c'est qu'elle les attirait, non seulement à la foire, sur cette table chargée de jambons, de vin, d'eau-de-vie, de cartes et de gros sous, mais encore jusque dans sa maison, quoiqu'elle fût bien la plus vilaine baraque du village.

Dans aucune autre on n'entendait de bruit

aussi tard dans la nuit. C'était une bonne petite hôtellerie de vices, où ils grouillaient à l'aise, à commencer par ceux de la maîtresse de la maison. Elle déjeunait d'un bol de vin chaud, dans lequel elle faisait infuser du poivre et brûler de l'eau-de-vie; dînait de viande à l'ail, quelque chère qu'elle fût; envoyait mendier ses enfants; et traduisait l'article deux cent treize du code civil le manche à balai à la main, si bien que son mari ne pouvait jamais tenir plus de quinze jours au logis.

Mais si quelqu'un la trouvait ivrogne, gourmande, paresseuse, sans cœur, et pis encore, personne ne lui en disait mot, de peur d'être forcé de se relever là nuit, au clair de la lune, pour danser en chemise tant qu'il lui plairait; ou de souffler le feu éternellement sous la marmite sans qu'elle voulût bouillir... Car telles étaient les menaces qu'osait faire la Noiraude; et ses paroles, quelque absurdes et effrontées qu'elles fussent, trouvaient toujours créance auprès de

certaines gens : je dirai même que plus elles
étaient absurdes et effrontées, plus elles en trouvaient. Il en est assez généralement ainsi parmi
les gens peu lettrés... — Govin, tu fais leur procès parce que tu tiens la plume... — mais c'est
la vérité : l'absurde affriande leur esprit, et
l'effronterie les subjugue. Nous autres, écrivains,
nous avons aussi nos défauts. Malheureusement
on ne nous écoute pas aussi bien, nous et les pré-
dicateurs. C'est que nous ne nous moquons pas
des gens comme faisait la Noiraude.

Ce jour-là, elle était en gaieté, et on l'entourait bouche béante; les uns bafouant les autres,
et recevant, à leur tour, quelque apostrophe par
le nez.

Quand je m'approchai, on était encore en train
de rire d'un certain poltron à qui elle avait promis un secret pour éviter le malheur de la conscription.

— Tu trembles, avait-elle dit, ça se voit sur
ta mine. Tu voudrais t'arracher une dent pour

ne pas pouvoir déchirer la cartouche... tu voudrais te couper un doigt... tu voudrais t'estropier d'une jambe pour ne pas partir?...

Et il n'avait pas nié la chose.

— Eh bien, mets cinq sous sur cette carte !

Il les mit; puis, tout palpitant, regarda la Noiraude.

La Noiraude prit l'argent, l'encaissa dans sa table, et dit :

— Eh bien, mon garçon, garde toutes tes dents; garde tous tes doigts; marche sur tes deux jambes... et tâche d'avoir du cœur !

Le conscrit écoutait encore et regardait toujours la Noiraude; mais elle faisait déjà un autre jeu.

— Qui est-ce qui veut m'acheter des filles? criait-elle. Regardez sur la fête; voyez, choisissez ! Les blondes, les brunes, les petites, les grandes, les jeunes, les vieilles, je les vends, je les joue. Apportez votre argent !

— Noiraude, tu t'y prends trop tard, observa
une voix : toutes les filles ont été vendues à l'entrée du carnaval au cabaret.

— Oui, vendues pour le bal, achetées par les
danseurs ; mais moi, je vous les vends pour femmes, parce qu'elles sont à moi, comme vous et
moi sommes au diable !

Tandis qu'elle hâblait ainsi, le voïou la regardait d'un air épilogueur, les deux mains dans les
poches, le cou tendu jusque sous son nez.

— Qu'as-tu à dire à cela ? demanda-t-elle à cette
figure qui pourtant ne disait rien.

— Je dis que tu sais bien appareiller la marchandise pour la débiter : tu mets un gros mensonge avec une grande vérité.

— Quoi ? Quel mensonge ? Quelle vérité ?

— Le mensonge : c'est que tu pourrais donner
ce qui est vendu ou déjà donné ; la vérité : c'est
que le diable et toi, vous allez bien ensemble ;
mais il est le maître et tu n'es que sa servante...
aussi noire, mais bonne à quoi ?

Les yeux de la Noiraude étincelèrent; toutefois ce ne fut pas de colère.

— As-tu de l'argent dans ton gousset? demanda-t-elle.

— Qu'est-ce que cela te fait? As-tu en magasin et sous ta clef la marchandise que tu veux vendre, toi? Et à celui qui te dirait, par exemple : telle jeune fille me hait, je veux qu'elle m'aime; ou bien : moi j'enrage, comme toi et comme le diable, de voir des amoureux se moquer de moi...

Il ne lui serait pas plus difficile de répondre : je saurai te faire aimer; ou bien : ils s'en repentiront ! que de faire ce qu'elle a fait... murmura à l'oreille du voïou un des croyants de la sorcière.

Puis vint à la suite une histoire :

— Un rival la persécutait. Elle acheta chez le boucher un cœur de chair; y piqua autant de clous que l'homme avait d'années; le mit cuire à son foyer... et l'homme déja pâle et tout chance-

lant arriva, forcé par le charme; demanda :
Pourquoi me fais-tu souffrir? et tomba mort sur
le seuil de la sorcière (1).

— Bêtises ! criait le voïou en cherchant néanmoins au fond des yeux de la Noiraude un certain pouvoir malfaisant qu'il ne manqua pas d'y
trouver.

— Tu n'es qu'une femme, une vieille bavarde
qui pourrait tout au plus m'apprendre à tourner
le roi à volonté !

— As-tu une montre après cette ferraille ! dit
la Noiraude en montrant sa chaîne d'acier.

— La voilà ; et je la parie contre ce que tu
voudras que je vais te mettre au pied du mur?

— Voyons, voyons ! De qui et de quoi s'agit-
il ?

Génie passait alors au bras de son saudé.

(1) On dit qu'on croyait de semblables choses en un temps
appelé moyen âge : ceci prouve que parmi nos paysans, à la
fois simples et rusés, elles ne sont pas encore entièrement
oubliées.

Il étendit le doigt vers elle. La Noiraude cligna les yeux pour mieux la reconnaître.

— Dis! Le diable et toi, disposez-vous de cette sacristine? Pouvez-vous la séparer de son saudé? Mettez-vous la griffe dans la maison de sa mère?

— Mon garçon, que tu est bien avisé! s'écria la Noiraude en riant aux éclats. — Tu prends tout juste, pour me défier, la maison qui m'appartient le plus dans le village. Tu demandes si le diable et moi, nous y mettons la griffe? Mais c'est notre ferme, cette maison-là, notre meilleure! — Tu demandes si je puis disposer de la fille?... Mais je n'ai qu'à souffler un mot, et les galants s'en iront d'autour de la petite, comme si elle avait la peste!

— Oh! oh! fit le voïou stupéfait.

La Noiraude reprit en roulant ses yeux clairs dans ses paupières brunes d'un certain air diablement solennel :

— Je le veux; j'y consens : aujourd'hui leur

fortune s'arrondit, et elles en tirent gloire ; la mère lève haut la tête ; mais quand je voudrai, elle la baissera : je lui ferai sentir qu'elle est mon esclave... Allons, veux-tu que je te joue ses filles ? Est-ce l'aînée qui te plait ?

Le voïou se jeta sur les cartes grasses, s'abattit sur le banc qui était devant la table, et passa avidement son pouce sur sa lèvre...

V

Pauvre petite Génie !

Je me mis à la suivre de loin, au lieu de rester là. De sa main fine, quoique brune, elle s'amusait à poser aux lèvres de Francis le papillon de plomb qui chantait leurs amours.

— Souffle son vilain souffle, parce qu'il m'a fait peur ! disait-elle à Francis. Sais-tu ce qu'il disait, quand on nous a *saudés ?* Il disait :

« Pourquoi Francis? pourquoi pas tout autre? Ne saurions-nous aussi bien courtiser la fille et manger les gaufres? » Quelqu'un lui répondit : « Parce que Francis est un garçon rangé, un bon ouvrier, et que tu n'es qu'un bambocheur dont aucune femme honnête ne voudra jamais. » J'ai été bien aise qu'on lui eût répondu cela. C'était bien fait! N'est-ce pas, Francis? — Mon Dieu, qu'est-ce qui voudrait devenir sa femme?... Je sais bien que pour être *saudés*, on n'est pas mari et femme; mais c'est égal!... ne serait-ce que l'avoir pour *saudé*, quel malheur! quel ennui! Il ne dit pas un mot qu'on puisse écouter! Toi, mon Francis, tu ne dis pas grand chose, mais je n'ai pas besoin que tu parles... même quand tu ne dis rien, il me semble que tu causes avec moi; je sens bien que je ne suis pas seule.

En effet, Francis parlait peu en général, et moins encore ce jour-là qu'aucun autre, — quoique ce qu'il commençait à faire auprès de Génie s'appelle : *parler aux filles*. Il cherchait d'instinct à sortir de la foule, et laissait parler pour lui le bruit de la fête qui s'en allait mourant, les petits oiseaux qui croisaient le chemin en voletant sur les haies, l'espace de plus en plus solitaire qui s'ouvrait devant eux et les petits oiseaux, l'église au flanc de la colline, et la grande voûte du ciel au-dessus avec le soleil de mars brillant et chaud, trop chaud pour l'âge de l'année, enivrant la terre comme du vin nouveau.

Ils descendirent ainsi, appuyés l'un sur l'autre, jouant avec les hochets, goûtant tour à tour aux friandises de la fête, jusqu'au bord de la source au pied de l'église ; et là ils s'assirent.

Génie leva sur Francis ses grands yeux bleus et profonds comme l'eau de la mer. Il prit dans ses mains la main de la jeune fille, et sa bouche s'ouvrit... Je crus qu'il allait dire : — que tu es belle, Génie, et qu'on est bien ici !... — Mais la voix ne lui avait pas été donnée pour cela : au lieu de parler, il laissa échapper de sa bouche entr'ouverte une hymne, un psaume... que sais-je?... un chant d'église avec des paroles latines : un magnifique élan d'amour et de reconnaissance qu'il sentait et ne comprenait pas.

Il chanta longtemps.

Depuis qu'il avait refusé d'utiliser sur les grands théâtres cette belle voix que Dieu lui avait donnée à lui, pauvre diable, sans dire : c'est dommage!... il l'avait employée à chanter pour lui au lutrin du village, et s'était rempli la mémoire d'une foule de ces graves et superbes choses que le paysan — qui n'en sait pas d'autres — chante quelquefois au milieu des champs.

Génie écoutait cela comme tout à l'heure son silence; et, dans le fond de son cœur, des notes claires et toutes légères lui répondaient, tandis qu'elle babillait par-ci par-là, au travers de ses chants, souriait aux anges, et lissait ses bandeaux blonds, comme une alouette ses plumes; ou, rêveuse un moment, fixait son image dans la source à ses pieds.

Dans un de ces moments-là, une pierre tomba sur sa main.

Elle fit un petit cri de surprise plutôt que de douleur; Francis regarda de tous côtés.

— Adeline doit-être par là, cachée derrière quelque buisson. Je parie que c'est notre Adeline! Elle ne peut pas souffrir de nous voir ensemble.

— Le temps lui dure de ne pas avoir encore de *saudé* observa naïvement Francis.

Il se remit à chanter, et Génie à regarder l'eau; et lui aussi, par instants, tout en chantant, regardait dans l'eau : car ce qu'on y voyait était, ma foi! joli.

Génie avait sur ses cheveux blonds un bonnet sans rubans, mais d'une fine broderie de Nancy, garni d'une claire dentelle de fil, dont les gros plis renflés, alignés l'un près de l'autre, la couronnaient comme de roses blanches transparentes; un foulard de soie rouge, une bonne robe de laine, un petit tablier de soie noire, tout cela habillant cette taille droite et souple, ces beaux traits que vous savez, car Génie ressemblait à sa mère… Francis, à côté, se dessinait aussi bien qu'Adam auprès de la svelte figure de notre mère Ève au paradis terrestre; robuste, calme et contemplatif, il formait une belle grande ombre un peu au-dessus de l'autre, comme il convient à l'homme protecteur du sexe faible; et si le tableau entier était un peu pâle, la réalité toute pleine de vie, en revanche, ne l'était pas : couleur, santé, chaleur, opulence — opulence de jeunesse et de bien être, tout était là…

Quoi! je viens d'écrire le mot opulence à propos de cette petite fille maigre, affamée, mal vêtue, qui était laide à force de misère, il n'y a guère plus de six ans, de la fille de cette pauvre veuve que M. le Maire craignait de voir tomber à la charge de la commune avec ses enfants!

Mon Dieu, oui. Et comment cela se peut-il?

Opulence de jeunesse, soit : la nature la donne. Mais sur l'or de ses cheveux blonds il y a de la dentelle. Qui l'a donnée, la dentelle, à la petite orpheline de Jean Parisot? Ce n'est pas M. Gagnon, puisqu'elle a refusé même un chapeau de dame à la condition de devenir sa femme. Ce n'est pas non plus Francis; car de ses bras Francis ne gagne que le pain quotidien. Son seul trésor, c'est cette belle voix qu'il jette au vent pour l'amour de Génie et de Laméville. Et la dentelle est un objet de luxe, fût-ce la simple dentelle de Mirecourt : un luxe modeste, il est vrai, convenable pour parer une honnête fille de village, comme toute la toilette de Génie, mais encore on n'a pas pour rien des tabliers de soie et des bonnets de dentelle; il faut de l'argent pour cela.

Génie aussi n'a point gagné cet argent-là, car elle sort à peine d'apprentissage.

Sa mère alors?

Mais Jean Parisot — qui, pour le dire en passant, était un paresseux, un ivrogne, propre à mettre en peu de temps toute la famille sur la paille, — Jean Parisot avait laissé des dettes à

Marie-Reine, beaucoup de dettes qu'il lui avait fallu payer avant tout pour ne point être chassée de sa maison; deux enfants à élever, à vêtir, à nourrir, à mettre en apprentissage; et ce n'était qu'une femme déjà usée par la peine, qui pleura tant après la mort de son mari, qu'elle en faillit perdre la vue. Elle ne pouvait travailler finement; elle n'est point sortie du village pour faire quelqu'un de ces gros trafics au moyen desquels on s'enrichit en peu de temps; et, dans le village, elle ne possède que ses deux champs d'orge et de blé, son jardin, sa chenevière... A-t-elle donc trouvé là-dedans une mine d'or!

Ah! ah! Noiraude, tu as beau jeu, là-haut, de dire ce que tu voudras, et on peut bien t'écouter gueule béante.

Tu dis que tu tiens la veuve et sa famille en ton pouvoir... il y a du vrai dans ce propos, parce qu'elle te sait méchante, le monde envieux, que tu possèdes un secret douloureux avec lequel, de temps en temps, tu lui perces le cœur, et que ta langue venimeuse pourrait publier, si tu voulais.

Tu donnes à entendre que sa richesse est mal acquise; et tu parles du diable, toi, la sorcière du pays chez qui les vices les plus diaboliques ont élu domicile. Tu mets du mystère dans ta calomnie pour la rendre plus noire... C'est perfide, cela, mais rien autre chose, car le secret que tu sais n'est point celui de sa prospérité.

Et pourtant il y a là du merveilleux, du surnaturel! J'en conviens; je ne veux pas le cacher à mes lecteurs, non ce n'est point par des moyens ordinaires que la veuve de Jean Parisot est sortie de l'état misérable où il l'avait laissée, et qu'après être parvenue à assurer à ses enfants le gîte et le pain, elle en est aujourd'hui à leur donner ces petites jouissances de plaisir et d'amour-propre.

N'ai-je pas dit en commençant qu'elle ressemblait à ces grandes reines, dont elle portait le nom, qui faisaient tout fléchir devant leur volonté quand une passion les animait? Elle avait une passion, Marie-Reine, une passion unique, exclusive, sauvage, presque féroce en certains instants ; et inspirée par cette passion, soutenue par l'énergie de son caractère, comme une vraie reine par sa puissance, elle avait tout dompté, tout vaincu, jusqu'à la misère.

Mais était-ce le diable qui la protégeait ou le Dieu des gens courageux?

Nous verrons cela tout à l'heure, quand les enfants rentreront; car, pendant que ses filles pimpantes et joyeuses font fête, Marie-Reine bat monnaie pour payer leurs dentelles.

Elles n'y pensaient guère, les petites, à la manière dont les dentelles s'achètent, ni aux méchancetés, aux jalousies qui planaient sur leur bonheur, comme les vautours sur les petits oiseaux. Elles jouissaient ingénument, — Adeline fourrant dans tous les groupes son petit nez curieux et bien éveillé, s'arrêtant devant toutes les tables avec les enfants qui convoitent les bonbons, suivant d'un air moqueur tous les *saudés* qu'elle envie, puis courant dans les champs en criant de joie à chaque crocus sorti de la terre; — Génie si bien absorbée dans son vague rêve fait d'innocence et de félicité, qu'elle ne se retourne point même pour regarder d'où vient la pierre tombée sur sa main.

Mais une seconde lui fit mal..

— Oh! pour le coup, Adeline, tu es trop méchante! dit Génie.

Mais Génie et Francis regardèrent en vain : ce n'était pas Adeline. Ils ne virent personne. Seulement du côté de la ruine attenante à l'église un mouvement s'achevait dans les pierres éboulées.

— Il y a là quelqu'un qui se cache! dit Génie.

— Et qui nous écoute...

— Et que ça met en colère de nous voir ensemble.

— Qui cela peut-il être?

— Ah! oui, qui peut se fâcher de nous voir ensemble, puisque nous sommes *saudés?*

— Et puis demeurer là! Je sais bien qu'il y a une chambre, mais elle n'a plus de toit; la pluie y tombe en plein, les chardons, les orties poussent au travers des murs, toutes les mauvaises bêtes y font leur nid... Et c'est si loin du village!... — Chut! Francis, c'est bien vrai: il y a quelqu'un dans la ruine... On pleure... Écoute!... N'est-ce pas, on entend pleurer là, tout au fond du tas de pierres, dans la chambre?...

Ils écoutèrent, retenant leur haleine, fixant le mur éboulé.

C'était le logis abandonné de l'ancien desservant de la chapelle. Il en sortait des plaintes étouffées de sanglots qui allaient grossissant, le tout si lamentable que le cœur de Génie s'emplissait de cette douleur dont elle ne savait pas la cause, et se gonflait à mesure que s'élevait le bruit.

— Ah! Francis, j'en suis sûre, dit-elle en

comprimant de la main ce cœur tout plein de pitié, c'est quelqu'un de bien malheureux !

Des larmes montaient à ses yeux si souriants
tout à l'heure ; et elle regardait à travers ces larmes les pains d'épice étalés sur ses genoux, se
demandant s'il n'y avait donc pas moyen, quand
on est si heureux, de faire en quoi que ce soit de
son bonheur une petite aumône à l'infortune ?

Tout à coup un cri déchirant s'éleva, mêlé de
colère, de la colère aveugle et folle du désespoir.
Puis quelque chose de fauve parut au-dessus du
mur, chevelure ou crinière... puis de longs
doigts qui ressemblaient à une patte de singe
cherchèrent avidement à arracher des débris ;
puis le cri devint sauvage. Sous la chevelure
fauve, inculte, on vit une figure bouleversée...

Francis partit d'un bruyant éclat de rire.

— Manon ! s'écria-t-il ; mais c'est la Manon !

Et la blonde Génie répéta, comme un faible
écho, dans un joyeux sourire le rire de Francis.

Car Manon était une folle en possession d'amu-

ser, depuis longtemps, la jeunesse de Laméville
et des environs, au moyen d'une plaisanterie qui
tiraillait comme un fil son pauvre esprit égaré,
et le faisait passer incessamment de la fureur à
la joie, de la joie à la fureur.

Il la lui fit aussitôt pour égayer Génie.

— Manon, pourquoi n'es-tu pas à la fête?

Brandissant hors de la ruine son bras décharné,
elle montra le poing au sommet de la montagne,
où était la fête.

— Ton galant y est avec une autre que toi :
il t'a abandonnée!

Jusqu'à ce jour Génie avait toujours ri quand
Manon arrachait à poignée ses horribles cheveux,
tordait ses mains, ses bras, en les levant au ciel,
mais, cette fois, au lieu de rire, elle s'écria bien
vite :

— Non, Manon, non, ma pauvre fille, il te
cherchait; il m'a donné cela pour toi.

Elle courut à la folle qui venait à elle déjà con-
solée, lui mit dans les mains tout ce qui lui res-

tait de pains d'épice et l'embrassa, quelque laide qu'elle fût.

Bientôt la petite sœur qui courait à travers champs cherchant des crocus, rejoignit les saudés, et l'on pensa qu'il était temps de retourner au village.

La folle, assise au bord de l'eau, dévorait ses pains d'épice avec une affreuse joie; Adeline poussée par un instinct méchant, lui lança une poignée de terre au visage pour salve d'adieu, et se mit à courir en avant dans le chemin où de nombreux couples descendaient, tournant le dos à la fête.

Francis et Génie firent de même, et, toujours au bras l'un de l'autre, se dirigèrent vers la maison de Marie-Reine.

La jeune fille songeait à la folle : elle disait, chemin faisant :

— Bien sûr, ce sont les enfants qui l'ont effarouchée, qu'elle s'est sauvée si loin. Crois-tu qu'elle y restera, Francis? Pauvre Manon! Elle aime mieux ça : elle va demeurer dans cette ruine, comme un spectre, comme un esprit, toute seule !... et encore les laboureurs qui viendront jusque là avec la charrue lui crieront, en passant, les bêtises qu'on lui dit toujours ; les oiseaux qui chantent se moqueront de son chagrin ; les chiens aboieront après elle, quand elle sortira ; elle mourra de faim. Un beau jour, on trouvera autour de la ruine ses os rongés par les loups, et on rira, on dira : c'est la Manon !

A ces mots Génie fit ce petit mouvement des épaules qu'un frisson parcourt...

Heureusement un tableau riant succédait à celui que venait de présenter à son imagination le souvenir de la folle.

VI

A peine Adeline, qui courait en avant avec son bouquet, eut-elle entrevue la maison de sa mère, qu'elle revint, rouge de plaisir, avec sa grande sœur Génic.

— Viens donc, viens donc vite! Je vois le carrosse de M. Choffart.

Elle disait, bien entendu, ces mots solennels par plaisanterie, quoique chaque jour amenât celui où Choffart devait s'appeler monsieur, et peut-être à la fin posséder un carrosse; quoique Choffart, dès aujourd'hui, — je le sais, moi qui sais tout, — quoique Choffart fût le personnage important qui avait le plus contribué à l'enrichissement de Marie-Reine.

Son équipage, arrêté devant la porte de la veuve, est un long fourgon couvert de toile blanche et attelé d'un gros cheval rouan fort bien nourri, que l'on appelle Gris.

Gris regarde venir les enfants, secoue la tête, et se met à hennir.

Les enfants l'entourent, lui caressent les naseaux, comme à une vieille connaissance qu'on est bien aise de revoir.

Pendant ce temps, deux voix très-animées se font entendre dans la maison de Marie-Reine; mais les enfants n'écoutent pas.

— Bonne bête! dit, encore émue, la douce Génie à Gris, l'intrépide voyageur; que de chemin tu as déjà fait et que de pays tu as vus ! Tu les reconnais en passant les pays, mais y en a-t-il seulement un où tu sois chez toi... là, tout à fait, comme nous ici !...

En disant cela devant la maison bien-aimée de sa mère, elle s'appuyait avec un abandon plus joyeux au bras de son saudé.

— Ah bien, oui, chez lui, quelque part? Comme le Juif errant ! disait Adeline en regardant, l'œil petillant de curiosité, l'équipage tout poudreux qui voyageait sans relâche et venait de si loin. Dis donc, Génie, as-tu déjà entendu parler de la mer? Ce n'est que de l'eau, mais c'est grand comme le monde. Il y a des gens qui voyagent dessus, comme le père Choffart dans sa voiture, et les leurs sont aussi couvertes de toiles... Moi,

j'y pense toujours, quand je vois celle de Choffart.

Choffart, à l'intérieur, semblait se disputer
avec Marie-Reine. On se disait des mots mêlés de
rires et de flatteries ; on s'emportait pour se cajo-
ler après, désirant de part et d'autre un accommo-
dement où l'on mît du sien le moins possible.
Bref, c'était une de ces querelles où l'on ne parle
du sabre que pour dégaîner la fourchette.

— Vous êtes fou, mon cher ! disait Marie-
Reine. Quoi ! vous osez m'offrir cela pour ma
peine ?... Eh ! vous ne savez donc pas qu'il n'y a
pas de gens aux galères qui n'en aient moins que
moi !

— Marie-Reine, ma parole d'honneur ! vous
devenez tous les ans plus *ridicule* (liardeuse).
Sur la tête de mon père, par mon baptême,
aussi vrai que nous mourrons un jour, je ne
connais pas, dans la Meuse, dans les Ardennes,
en Belgique, enfin partout où je vais, de harpie
telle que vous !

Un éclat de rire des plus coquets répond à cette injure.

— Une autre fois, je vous fermerai ma porte sur le nez, Choffart ! Vous n'êtes qu'un vieux ladre !

Encore un éclat de rire pour adoucir le mot.

— Mais regardez au moins la marchandise. Vous ne l'avez pas vue, Choffart, ou vous n'y voyez goutte !

Choffart, sans l'écouter, criait en même temps d'un air fat :

— D'autres seront assez contentes de courir après moi. Nanette, Madelon, Fanchon...

Cela ressemblait à la chanson de M. Nodier :

> Clémentine,
> Augustine
> Et Justine,
> Joli trio de lutins.

Et c'étaient les noms de toutes les veuves du village. Car, il est bon que vous le sachiez, c'est pour les dames que le grand voyageur Choffart vient à Laméville; parmi les dames, surtout pour les veuves qui ont plus de temps à lui consacrer; et parmi les veuves, surtout pour Marie-Reine, la plus vaillante veuve de Laméville.

— Mais Choffart, mon bon ami, reprit en minaudant la vaillante veuve Marie-Reine, Madelon n'a qu'un garçon : les hommes... ça se tire toujours d'affaire; Fanchon n'a qu'une fille; moi, j'en ai deux!... Les avez-vous vues, Choffart depuis l'année dernière? Avez-vous vu nos petites? Ce n'est pas pour dire, mais ce serait un meurtre de laisser ça manquer de quelque chose!...

— Qu'est-ce que ça nous fait la mer et ceux qui vont mourir sur mer bien loin de leur pays! disait Francis répondant à Adeline. Nous, nous ne quitterons jamais Laméville.

En entendant ces mots, Génie ne put s'empêcher de peser un peu plus fort et plus doucement à la fois au bras de son saudé, qui comprit bien ce que cela voulait dire.

Adeline s'était approchée de la porte :

— Entrons, dit-elle, voilà que Choffart compte
les sous.

Elles entrèrent, Adeline la première ; elle sautillait gaiement au-devant de Choffart.

Choffart, un bon petit gros, à la tête blanche, au teint frais comme celui de Polichinelle
sous sa perruque blanche, faisait défiler d'un
pouce habile et alignait soigneusement sur la table de petites rangées de cuivre et d'argent ; la
veuve debout de l'autre côté, le regardait faire,
comptant les pièces, fixant l'argent d'un œil qui,
de loin, le palpait comme une main, et dont le
regard pointu ressemblait à des ongles.

Il y avait, alentour, des tas de linge à usage ;
l'armoire était ouverte, et l'on y voyait le plus
grand désordre : rien n'était à sa place, pas
une chemise, pas un drap n'était plié selon l'habitude…

— Petites pestes ! fit Marie-Reine avec humeur ;
pour garder sa dignité de mère. Il faut qu'elles

sachent tout !... Et voilà un tablier déchiré, mademoiselle Adeline !

En prononçant ces mots, elle serra le poing
d'un air terrible. Mais Choffart, voyant venir les
larmes dans les yeux de la petite, prit sur la table un beau deux sous qu'il lui mit dans la main.

— Dites merci ! et qu'on s'en aille avec ça !
fit la mère en montrant la porte.

Adeline courut vers la rue.

— Non, non, pas par là, dit la mère : allez
ôter vos beaux habits ; c'est assez dépensé pour
un jour !

Génie dit adieu à Francis, qui n'avait point
passé le seuil, et suivit sa petite sœur, après avoir
salué l'étranger.

Et quand la porte fut refermée sur les fillettes,
Marie-Reine courut à l'armoire, en tira deux chemises rousses, et dures qu'elle mit sur la table.

— Choffart, dit-elle, nous recompterons l'argent après. Tenez, achetez-moi encore celles-là.
Quand je vois mes enfants, mes pauvres pe-

tites orphelines, je voudrais vendre jusqu'à la dernière.

Choffart déplia les chemises, fit sonner la toile, passa la main dessus, puis dit à Marie-Reine :

— Mais, ma chère amie, qu'est-ce qui voudrait mettre ça ? Les chemises de crin des trappistes ne sont pas si dures ; et l'hiver, autant vaudrait un habit de glace que ces chemises-là sur le dos ! Je vous ai déjà dit que j'aurai bien de la peine à revendre ces quatre-ci : car on ne me les achète à moi que bonnes à mettre. Vous ne les avez pas assez dégrisonnées ; il leur aurait fallu encore au moins deux lessives ; mais puisqu'elles sont achetées...

— N'en parlons plus, dit Marie-Reine en repliant à grand'peine sa toile rousse et roide que Choffart avait assez bien comparée à un cilice ; je porterai celles-ci un peu plus longtemps.

— Oui, dit Choffart en riant, usez-m'en tout le dur, tout l'écru ; c'est votre part à vous autres, fileuses ; et vous êtes bienheureuses : vous êtes vêtues, litées pour rien ; car après ça, vous me rendez votre linge comme neuf.

— Est-ce qu'il ne l'est pas ? dit Marie-Reine. On n'a qu'à regarder ce que vous emportez et ce qui reste dans l'armoire : vous emportez tout le bon, et je n'ai plus une pièce qu'on puisse appeler du linge... Au reste, c'est pour cela que je sème le chanvre et que je file *l'œuvre* ; mais je ne m'en plains pas, pourvu que les petites aient ce qu'il leur faut.

Le père Choffart faisait un singulier commerce. Dans toutes mes garnisons, je n'ai vu cela nulle part ailleurs qu'en ce petit coin de Lorraine.

Ainsi que nous venons de le voir, il venait chez les bonnes fileuses, les bonnes ménagères, dans les pays où les grandes industries n'occupent point les bras, et laissent place à ces petites spéculations, acheter, non de la toile, mais du linge confectionné, blanchi et adouci par l'usage, qu'il allait revendre dans les villes de fabrique du Brabant, où l'on n'a ni le temps de filer, ni de coudre, et en rapportait du cuir de chez les tanneurs.

Le secret de la fortune de Marie-Reine était donc de faire de rien quelque chose à force de zèle au travail, d'oubli de soi-même, de mépris de ses aises ; tout cela pour l'amour de ses petites orphelines, sa passion, la seule et unique passion de sa vie, une passion qui n'était point diabolique le moins du monde, comme vous voyez ; au contraire, puisqu'elle avait engendré l'économie, qui est certainement une belle vertu ; une vertu humble et ménagère tout à fait convenable pour les femmes.

Cependant, quand elle eut rangé son armoire en désordre après le départ de Choffart, elle prit un air sombre en recomptant son argent ; une grande ride se creusa sur son front entre les deux sourcils ; elle leva les yeux au ciel, et poussa un soupir très-profond ; puis elle préleva sur son petit trésor une espèce de dime dont elle fit deux parts qu'elle plaça dans deux coins différents de son armoire, en murmurant :

— Ceci pour des messes ; cela pour elle !

A ce dernier mot, elle serra son poing maigre, et fit craquer l'une contre l'autre ses mâchoires encore ornées de dents blanches...

— *Elle* n'a rien à dire ; pourtant, ajouta-t-elle, je n'ai pas épargné le sucre dans les tisannes de mon défunt, ni la couverture pour son pauvre corps ; je n'ai pas non plus, dit-elle d'une voix sourde en finissant, tiré l'oreiller de dessous sa tête !...

C'est une coutume qui paraît cruelle, et qui est peut-être plus humaine qu'elle n'en a l'air : certains paysans aident ainsi à mourir les agonisants qui s'y donnent trop de peine...

Les mains de Marie-Reine étaient pures, même de ce meurtre amical.

D'où vient donc qu'elle les regardait presque avec horreur en les éloignant d'elle, comme deux accusées que le soupçon entache malgré leur innocence, et qu'en les regardant elle murmurait encore :

— Moi, qui aurais donné mes jours pour allonger les siens ! Et on croirait cette gueuse, parce qu'on sait que Marie-Reine est dure comme le fer d'une pioche, dure pour le travail, dure pour la peine... mais c'est pour elle qu'elle est dure, pour elle surtout !

Nous saurons cela plus tard.

A présent la fête est finie, et le retour de la fête aussi.

En vous donnant tous les mêmes détails qui précèdent le retour, j'ai voulu vous montrer ces petites taches qui sont semées dans les plus joyeuses fêtes, pareilles à d'imperceptibles parcelles de nuages dans le ciel le plus bleu, où le vent les disperse, tantôt les rapproche, les grossit, et, à la fin, en forme parfois des tempêtes.

En vous ramenant avec les enfants jusque dans l'armoire de la veuve, j'ai voulu vous faire connaître à fond le caractère de tous mes personnages.

Marie-Reine était une brave femme, une femme extraordinaire pour le courage, une mère de la nature des pélicans qui donnent leur sang pour nourriture à leurs petits; mais ce n'était pas un ange. Son économie pouvait aisément devenir avarice, son énergie rudesse, sévérité.

Quand vous aurez vécu autant que le père Govin, vous saurez que rien n'est parfait ici-bas, hommes et choses, fût-ce les meilleurs.

Génie avait toutes les vertus qui sont des charmes mêlés à ceux de la jeunesse : le dévouement, la sensibilité, la modestie, l'ingénuité et la tendresse, cette grâce profonde qui fait entrer les autres dans le cœur de ceux qu'elles attirent... Eh bien, Génie elle-même n'était point parfaite. Quoique fière et superbe en apparence, comme son inflexible mère, elle était comme l'eau pure et limpide des ruisseaux qui prend la couleur de tout ce qui l'entoure; qui n'ose par-

ler que tout bas; que le plus petit caillou épouvante ou dérange; qui, de peur de le froisser,
se fait l'esclave d'un roseau; Génie était faible...
encore une grâce chez la femme, mais bien dangereuse celle-là.

Francis, un jeune gars qui n'a pas vingt ans,
est-il bien quelque chose? J'ai dit qu'il se taisait,
excepté pour chanter; voilà son âme. C'est Génie
qui l'inspire : il n'en sait rien. Tout sommeille en
lui, vices, vertus, en attendant que la vie déve-
loppe les unes ou les autres et mûrisse son
amour. C'était donc ce qu'on appelle une cire
molle propre à recevoir toutes les empreintes, un
rameau tendre que chaque souffle du vent plie
à son gré.

A présent vous connaissez suffisamment tout le
monde pour pressentir un peu ce qui va arriver,
ou tout au moins vous intéresser à la suite de ce
récit, c'est-à-dire... non : il y a encore un personnage à moitié dans l'ombre; car vous ne savez
pas que Génie avait trois amoureux à la fête de

Saint-Lambert : le premier, l'heureux du jour, son
saudé, le beau Francis ; le second, cet étranger,
cet intrépide voyou, qui la jouait cyniquement
sur la table de la sorcière, et semblait dire
avec bravade : Peu m'importe sa volonté, son
goût, peu m'importent les obstacles, je la veux,
il me la faut à tout prix ! Le troisième, ah ! celui-
là, c'était un amoureux timide. Il disait tout bas,
en regardant, soit sur le champ de foire, soit
dans les sentiers où il la suivait invisible, soit au
bord de l'eau où il se cachait derrière un buisson, la belle jeune fille blonde comme la blonde
Amanda :

— La plus petite amitié, quelquefois dans une
heure, un instant de la vie, nous plaît, nous sou-
rit ; belle fille, à qui le vieux Govin ne peut que
déplaire aujourd'hui, puisse-t-il, un jour, serrer
ta main dans la sienne, et te dire, après t'avoir
servie : Tu le vois, j'étais ton ami !

Ma foi, j'ai lâché le mot ! Quoi ? Le troisième
amoureux de Génie, c'était...? Vous riez, vous

n'y comprenez rien, car je n'avais encore écrit nulle part ce doux nom d'Amanda.

Non, non, cent fois non, ce n'était pas le vieux Govin, dont le métier est d'allumer les cierges à l'église et de dresser procès-verbal aux délinquants dans la campagne : ce serait trop drôle. C'était le petit Jacques. Écartez l'habit solennel du sacristain, ouvrez la poitrine insensible du garde, au fond de tout cela vous trouverez Jacques, un petit brun à l'œil vif, à la moustache bien frisée, aussi leste que Govin est lourd. Son cœur est chaud, à lui ; et ce n'est pas drôle. Il peut aimer Génie ; et il l'aime parce que le beau regard de Génie est venu le chercher là où il dormait du lourd sommeil de la vieillesse, et l'a réveillé. Il l'a regardée de ses jeunes yeux, écouté de son oreille fine qui avait retenu le son dé sa voix, et il s'est souvenu de l'avoir connue autrefois.

Dans ce temps-là elle s'appelait Amanda.

Bref, voici l'histoire... il faut vous la raconter, je le vois bien.

Quand son régiment était à Lille, en Flandre, Jacques Govin aimait Amanda... Il en avait aimé bien d'autres; mais Amanda, il l'aima de cet amour que l'homme ne devrait avoir que pour sa femme, pour sa moitié, pour cet os de ses os que Dieu lui arracha de dessous le cœur, à ce que dit la *Genèse*, et qui y laisse, toute la vie, un trou saignant quand l'objet de cet amour sans pareil n'existe plus. Cela le prit dans une fête semblable à la Saint-Lambert, une ducasse. Il y en a beaucoup dans les villages environnants, beaucoup trop! Amanda et le petit Jacques n'en manquaient pas une, et pas une ne les manquait. Pendant qu'ils dansaient ensemble, sans dire grand'chose, ou se promenaient, le bras sur le bras, dans la campagne, ou s'asseyaient au bord de l'eau; comme Génie et Francis, ils serraient autour d'eux une chaîne à chaque ducasse, d'un chaînon plus étroit. Petit Jacques était un libertin, un mauvais sujet, connu déjà par bien des fredaines, qui promettait mariage à toutes ses maîtresses ; à Amanda, une fille crédule comme l'innocence, cependant Jacques ne promit jamais rien : il n'osa, il ne voulut point. Il l'aimait, voilà tout, d'une ducasse à l'autre, de plus en plus fort, et elle, d'une ducasse à l'autre, se sentait de plus en plus à lui ; si bien qu'à la dernière, elle aurait refusé un bourgmestre pour ce fiancé que seuls lui avaient promis le violon et la grosse caisse des ducasses ; voix joyeuses, voix bienheureuses, voix trompeuses, hélas !... car le petit Jacques ne pouvait épouser Amanda, puisqu'il avait épousé Bellone ! Il ne pensait pas non plus à autre chose, oh ! non, pour ça, non ; dans ce temps-là il n'y pensait pas. Si, un instant, l'amour était plus fort que la délicatesse, il suffisait que lui revînt en mémoire la figure dévouée et misérable d'une de ces pauvres créatures qui suivent, du nord au sud, dans la fatigue et le mépris, le nuage de poussière soulevé par la marche d'un régiment... Aussitôt Jacques s'écriait bravement en lui-même : Non, ja-

mais, au grand jamais, tel ne sera pas le sort d'A-
manda !

Mais s'il ne promettait point mariage, il laissa
Amanda croire ce qu'elle voulut, et les autres
aussi, ceux qui les voyaient toujours ensemble à
chaque ducasse...

Ce fut là qu'il commença d'avoir tort.

S'il ne songeait point à la séduire, il allait,
allait toujours dans cette vertigineuse voie des
amours tout *enjoyée* de la musique des fêtes et
de celle du fond du cœur ; il allait, comme un
innocent lui-même, sans songer à rien. Enfin,
on a bien raison de dire que le diable se mêle
quelquefois de nos affaires : Jacques n'a peut-
être fait qu'une lâcheté dans sa vie... eh bien,
ce fut à propos d'Amanda. Elle aurait pu devenir sa femme... il y avait une place de blanchis-
seuse vacante au régiment ; elle aurait pu l'ob-
tenir... Jacques n'avait jamais pensé au mariage :
le petit Jacques n'était pas mûr pour ce grave
état... Au moment de la perdre, la liberté nous

semble belle... Il partit : c'était l'ordre des chefs ; ce n'était pas sa faute ; mais quand le détachement revint à Lille, en Flandre, il n'était plus temps. Quand l'ennui ramenait Jacques plus amoureux que jamais, convaincu que rien au monde ne valait Amanda, le dépit avait conduit Amanda à l'autel où devait la conduire l'amour... Oh ! le désespoir, les regrets, on ne saurait les peindre ! Amanda haïssait son mari, mais elle était sa femme. Quel espoir restait à Jacques ? La faiblesse d'Amanda ? Une faute que suivrait une honte mortelle ?... Il avait été lâche... il devint parjure... amis, laissons cela. Si je vous disais tout, il faudrait que le petit Jacques pleurât encore à sanglots par les yeux creux du vieux Govin.

Ah ! si l'on pouvait renaître ! Ma ducasse avait bien refleuri dans la Saint-Lambert, et c'était Amanda qui je croyais revoir dans la tendre Génie.

— Au moins, cette fois, pensais-je, nous n'ai-

merons plus sous réserve des décisions du minis-
tre de la guerre, étourdiment, à la hâte ; nous
avons pour nous le temps, la paix, l'espérance,
la liberté des champs, le bonheur du foyer ; et
c'est le fidèle amour des bergers qui sera notre
Cupidon.

Je disais : nous ; car trop vieux pour aimer
moi-même, je m'étais identifié sans jalousie à
l'amour de Francis.

Francis, lui, pouvait jouir d'un bonheur pur.
Il pouvait planter sa tente de voyageur ici-bas
ailleurs qu'en un sable mouvant, au souffle des
orages d'une vie agitée, incertaine, comme celle
d'un soldat...

Quand il aurait atteint ses vingt ans, il n'avait
pas à craindre la conscription : il était fils de
veuve ; les fortunes des parents étaient à peu près
pareilles : pas grand'chose, mais de bon bras et
l'habitude de vivre de peu.

Rien ne les séparait donc.

Aussi j'aurais bien de la peine à vous raconter,

d'une manière qui vous intéressât, tous les événements du petit roman qu'ils filèrent longuement; vous les trouveriez trop petits.

Quoiqu'ils ne manquassent pas certainement dans cette histoire si simple, et eussent des suites plus importantes qu'on n'aurait pu le prévoir, en effet, un an, deux ans, trois ans, quatre ans, cinq ans s'écoulèrent, sans qu'il survînt dans la maison de la veuve rien de très-visible pour le vulgaire, et qu'en apparence il y eût aucun notable changement dans l'état des amours de Génie et Francis.

VII

Adeline grandit; et, à son tour, alla à la fête au bras d'un saudé.

Elle en eut un, deux, trois; chaque année un nouveau.

Le trousseau de Génie, qu'elle faisait à temps

perdu, le plus souvent le soir, quand Francis teillait le chanvre à côté d'elle, grossit peu à peu ; et Marie-Reine fit faire, pour le loger, une belle grande armoire de chêne ; puis elle amassa la plume de plusieurs couvées d'oisons pour le lit de sa fille aînée. Quand Adeline commença d'avoir des saudés et d'en changer tous les ans, Francis qui était l'ancien de la maison trouva la chose ridicule ; observa les manœuvres de son œil agaçant en père de famille, et confia à la mère ce qu'il remarquait.

La mère admonesta rudement la fille ; et la fille dit en montrant le poing par derrière au beau-frère :

— Sournois, va ! rapporteur ! Tu me paieras cela !

Et elle récidiva à la prochaine fête le jeu de la prunelle ; lui, au retour, celui de la langue.

Tout s'envenime par la récidive : fautes et rancunes. Francis tenait à l'honneur de la famille, Adeline à ses amants, Marie-Reine à son autorité, tant et tant qu'à la fin celle-ci prit dans sa grande main le manche de son balai pour attendre sa folle fille qui rentrait toujours après l'autre.

Un tel traitement ne pouvait rester sans effet.

Quand l'armoire fut pleine, Marie-Reine, comptant sur ses doigts les années écoulées depuis la première Saint-Lambert, dit à sa fille aînée :

— Mais, Génie, mon enfant, depuis cinq ans que Francis te parle, est-ce qu'il ne t'a encore rien dit ?

Génie fit de grands yeux étonnés, réfléchit... et, au lieu de répondre, devint rouge comme une cerise.

— Je parie qu'il n'a pas encore seulement prononcé le mot de mariage ? s'écria Adeline triomphante.

Mais Génie répliqua avec une confiance qui subjugua la mère :

— Non, il ne l'a pas prononcé, parce que... ce n'était pas la peine...

— Ah ! fit la mère, il voit bien que tu refuses tout pour lui : ce maître d'école qui est si savant ; ce militaire qui est revenu avec la croix ; ce gros fermier qui a trois fois plus de bien...

Là-dessus elle soupira ; mais elle était résolue à ne contrarier sa fille qu'en cas d'absolue nécessité, et estimait pour une certaine valeur un amour fidèle et un cœur courageux à l'ouvrage aussi bien qu'à l'amour.

Donc, elle se remit patiemment à emplir la toile rayée, ainsi que Génie à coudre. Et quand le duvet moussa dans la toile rayée, elle l'arrangea de la main comme les couveuses font d'un nid ; puis des larmes de tendresse lui vinrent aux yeux chaque fois qu'elle vit un petit enfant blanc et rose dans son maillot de laine... et, après cela elle regardait Francis d'un air défiant et fâché car il se taisait toujours.

Cela faisait rire Adeline, qui, elle, avait l'art de faire parler tout le monde, surtout de faire dire ce fameux mot *mariage* même à ceux qui

avaient le moins d'envie d'en arriver au sacrement. C'était son idée d'en attirer beaucoup pour
exciter l'émulation, comme à une vente où plus
il y a de monde, plus la marchandise se vend
cher.

Quand le soir, tous ses *demandeurs* venaient
teiller le chanvre, ils aimaient à briller, naturellement, et elle menait leur esprit tout droit sur
les côtés faibles de Francis qu'elle avait étudiés,
comme un bon général étudie ceux d'une forteresse qu'il veut démolir.

La parole, à elle, c'était son manche à balai...
et un bon, je vous jure : il ne resta pas d'un ho-
rion en arrière envers le rapporteur.

Dieu sait si ses amants l'aidèrent volontiers à
cribler le pauvre diable! Ils le firent paraître
tout ce qu'il leur plut; car il était de cire molle,
prenant toutes les empreintes, et, en conversation, tournant comme on voulait.

Quel plaisir pour un certain garçon menuisier,
qui venait de terminer son tour de France, de

montrer l'ignorance de Francis, en brillant à côté de lui !

Un militaire, un peu fier à bras, faisait aussi de la bravoure fulminante pour voir le naïf villageois s'exclamer comme un enfant à l'histoire de Croquemitaine.

Il n'y avait pas jusqu'à un bossu qui ne fît le lovelace au moyen de ses écus, et, grâce au coup de manche à balai d'Adeline intervenant à propos, n'arrachât à Francis au moins une expresion d'envie.

La bonne Adeline le mettait donc, sous les yeux de sa sœur, avare, craintif, stupide, que sais-je ! Les femmes sont si ingénieuses dans leurs attaques; et lui l'était si peu dans sa défense !

Mais il eût fallu bien autre chose pour le perdre dans l'esprit de son amie.

— Il m'aime ! se disait-elle fermant l'oreille à tout le reste.

Adeline, avec son instinct de femme, apparemment devinait.

Tout aussitôt retournant son bâton pour frapper d'un autre bout, elle parlait de mariage.

Alors c'était à qui des amants s'empresserait de paraître vouloir devenir époux, excepté Francis toujours muet sur cet article.

— Francis, tu gagneras des chevrons dans le régiment des amoureux ! disait en ricanant le militaire.

— Génie, épousez-moi en attendant votre noce avec lui ! disait le menuisier. Vous aurez bien le temps de m'enterrer, et puis, après cela, vous achèverez votre cour !...

Francis sentait les pointes ; il essayait de s'en défendre ; mais quand la colère excitait sa parole toujours lente, on le sait, il s'empêtrait comme un cheval dans des traits qui se nouent autour de ses jambes et l'entravent d'autant plus qu'il s'agite davantage.

Adeline riait d'un petit rire à cent pointes qui

valait la molette d'un éperon et mettait en train toute la compagnie.

Il en perdait la tête, surtout quand, au milieu du conflit, la grande Marie-Reine s'arrêtait court de teiller le chanvre pour le fixer de son air imposant et sévère, et disait à la fin :

— Il faut le temps de se connaitre. Jean Parisot, mon défunt — Dieu veuille avoir son âme ! — m'a courtisée trois ans; et au bout des trois ans, la noce est venue; comme la moisson en août et la vendange en octobre.

C'était là le coup de grâce, quoiqu'il ne fût pas porté par Adeline.

Souvent Francis partait avant les autres, et ne revenait de longtemps.

Alors Adeline expliquait son absence d'une certaine manière qui pouvait avoir du vrai; car, nous autres hommes, *meâ culpâ! meâ culpâ!* frappons-nous l'estomac! nous sommes une espèce brutale, injuste quand elle s'irrite, et un peu folle quand elle est irritée; qui, pour ne pas rester en tête à tête avec ses ennuis, hante volontiers la mauvaise compagnie.

Or, selon Adeline, Francis passait d'autres veillées dans des divertissements propres à le dégoûter du plaisir assaisonné de travail que lui avait offert jusqu'alors la maison de Marie-Reine; et, comme si ce n'était point assez, elle ajoutait qu'il les passait dans la maison du village où l'on décriait le plus cette humble et laborieuse maison.

Elle démontrait, sur la foi de mille observations traîtresses, que Francis se perdait comme honnête homme et surtout comme amant.

Soit par l'effet de ses insinuations, soit que Francis changeât réellement, Génie ne pouvait s'empêcher de remarquer, lorsqu'il revenait après quelques soirées d'absence, qu'il avait l'air distrait, préoccupé, tout étrange.

Elle pensa qu'il avait du chagrin.

Un matin, qu'elle travaillait à son trousseau près de la fenêtre de la chambre de devant, en attendant l'heure où commencent les journées de couture, et qu'elle le vit passer pour aller aux champs, le dos voûté, la tête basse, les jambes traînantes, sans regarder du côté de la maison, elle toussa, en étendant devant sa bouche le bout de ses doigts effilés, comme pour étouffer le son… et Francis voyant qu'elle était seule, en un clin d'œil fut accoudé sur la fenêtre.

Il prit cette main fine, hypocrite sans malice, dans ses deux larges mains, et aussitôt le bord de ses paupières rougit pendant qu'il regardait tendrement sa bonne amie.

— Je le savais bien, dit-elle : tu as du chagrin? C'est à cause de tous ces gens-là qui sont entre nous, qui veulent nous faire croire que nous ne savons pas nous aimer, et comptent méchamment les années et les jours…

Ah ! mon Dieu, sans eux, moi, je ne le saurais pas qu'il y a déjà cinq ans que nous nous aimons et que je travaille à mon trousseau. Le crois-tu, toi, Francis?

Elle disait cela, la naïve petite, dans son étonnement du silence de Francis, dans sa confiance en son amour.

Pour toute réponse, il serra la main qu'il tenait dans les siennes, et Génie continua :

— Pourquoi pleurer, mon ami ? puisqu'il ne tient qu'à nous de leur montrer que le bonheur ne s'use pas. Dis, quand nous serons seuls ensemble pour toujours ici, dans ces deux chères petites chambres, dans notre petit ménage où nous travaillerons tous les deux bravement, crois-tu que nous ne serons pas heureux ?

Sous la paupière rougie de Francis passa un éclair brillant auquel on pouvait assurément reconnaître que l'idée de ce petit ménage lui souriait toujours ; qu'il voyait toujours dans ces deux chambrettes un coin de paradis. Mais lorsqu'en poursuivant le tableau, la jeune fille laborieuse montra l'armoire pleine, et dit : qu'elle saurait, comme sa mère, tirer du petit grain enfoui dans la terre de quoi vêtir et nourrir la famille, un nuage monta subitement sur ce front joyeux...

D'où venait-il?... Voilà le mystère.

Cependant pressé de questions, Francis murmura quelques mots qui avaient rapport à l'armoire et au menuisier.

— Es-tu fâché que ce soit Dominique qui l'ait faite? demanda Génie.

Dominique, c'était ce jeune compagnon étranger attiré par Adeline depuis qu'il était venu se gager chez un menuisier du village.

Francis haussa les épaules d'un air d'indifférence; mais Génie ayant ajouté :

— Si on l'a employé, c'est parce qu'il passe pour plus habile qu'un autre pour avoir fait son tour de France. Il a beaucoup appris : il sait dessiner; il est adroit, intelligent...

Francis serra si fort la main qu'il tenait, que Génie faillit jeter un cri.

— Ah! tu es jaloux! dit-elle avec joie; car rien ne se pardonne plus aisément.

— J'ai des yeux! dit Francis d'un air sombre. Je vois bien que cet homme, qui fait semblant de venir ici pour Adeline, y vient pour toi.

— Est-ce tout ce qui te fait de la peine? reprit gaiement la jeune fille; oh! alors que ton chagrin sera vite passé! car tu seras le maître dans nos deux chambres, tu y seras roi, et personne n'aura le droit d'entrer dans ton royaume...

C'était la vérité; Francis pouvait être roi, pouvait avoir ce royaume, ce petit coin de paradis dans quelques jours, le temps de faire les affiches. Pourtant le nuage ne s'en alla point du front du jaloux : au contraire, il devint de plus en plus sombre...

Un ricanement le prit.

— Un royaume, murmura-t-il convulsivement à travers ce rire, un royaume dont les rois vivent de peine, vieillissent d'ennuis, et meurent de misère!...

— Tu es fou! dit Génie effrayée.

— Oui, fou! fou! mille fois fou! s'écria-t-il.

J'ai été fou, et je deviens imbécile à force de songer... Oh! Génie, pourquoi dis-tu des choses comme cela : le bonheur ici?... dans ces deux petites chambres... à côté de celle-là?...

Ses yeux épouvantés, aux sourcils rapprochés par de gros plis soucieux, s'étaient arrêtés sur la porte ouverte de la cuisine.

Génie se retourna pour regarder dans la même direction, croyant découvrir quelqu'un ou quelque chose d'effrayant... Mais il n'y avait rien ni personne. La crédence ornée des plus beaux plats du ménage, portant la moitié d'un pain bis dans une serviette écrue; un coin du lit de Marie-Reine avec son rideau d'indienne représentant l'histoire de Joseph; voilà tout ce qu'on pouvait voir de la place où était Francis; et quand son amie, après ce coup d'œil rapide sur ces objets, revint à lui pour lui demander la cause de son émotion, il était parti... parti sans s'expliquer davantage, éludant la question qu'il devait deviner, puisque, vu la réserve de son sexe, la pau-

vre petite ne pouvait demander plus clairement :
— Quand ferons-nous finir ces méchantes plaisanteries qui m'affligent et me font douter de
toi ? — Après une mauvaise querelle, il s'en allait
sans parler, quoiqu'il vit bien qu'il en était
temps ; il agissait à la manière de beaucoup d'a-
moureux de village pour qui l'instant du mariage
est, comme pour certains, celui de payer leurs
dettes.

Quelle énigme il lui laissait là, n'ayant pour
l'aider à en deviner le mot que la malignité d'A-
deline.

Impossible que ne lui revînt pas à l'esprit tout
ce qu'elle avait dit, tout ce qu'elle avait fait res-
sortir des entretiens de ces veillées si chères autrefois et maintenant gâtées par les étrangers,
par les moqueurs.

Chaque soupçon revint tour à tour assiéger son
esprit : un soir, il semblait envier ce méchant
bossu que, par instants, Adeline paraît préférer
à tous les autres parce qu'il vient les mains plei-

nes... Oh! oui, c'est l'avarice qui l'éloigne de moi. Il faut avoir un cœur... sans cœur, un cœur d'avare pour envier de telles amours... Fi! elle l'aime à cause de son argent; il prend cet amour-là pour quelque chose, il en tire vanité, il s'en fait un jabot plus gros que sa bosse. C'est lui qui est à mourir de rire... Quoi! Francis aime-rait ainsi au lieu d'aimer comme nous aimons? Eh non! pourtant, je le sais, sa mère prétend lui faire épouser une riche veuve, et il ne veut pas entendre parler de ce mariage.

On dit qu'il a peur de tout... A-t-il donc peur des autres que, depuis qu'il en vient, plus il en vient et plus il s'en va? Mon Dieu non. Il a bravé Dominique plusieurs fois, je m'en souviens à présent, il a bravé Dominique dont il est ja-loux!

C'est vrai qu'il a l'air d'un grand enfant, quand Jolibois raconte ses campagnes et ses voya-ges. Ça les fait rire... il n'y a pas de quoi : ça prouve seulement que Francis n'est jamais sorti

de son pays, que ce n'est pas un garçon très-
résolu... On dit que les hommes à présent ont
peur du mariage, parce qu'il faut plus de choses
qu'autrefois, même aux pauvres gens pour être
heureux; parce qu'ils aiment à s'amuser, et que
le ménage ennuie : les petits pleurent; il leur
faut du pain... Francis, serais-tu de ces hommes
si lâches qui ne veulent partager que le plaisir
avec leur amie?... Ah ! pour le croire, il faudrait
ne pas t'avoir vu l'autre soir, devant ta porte,
avec l'enfant de ta sœur sur le bras. Un homme
qui embrasse un petit enfant comme tu l'em-
brassais, on sait bien ce qu'il vaut !...

Ainsi dans l'esprit inquiet, dans le cœur blessé
de la jeune fille l'amour expliquait, excusait
tout, et à ce délaissement inconcevable, à ce fait
avéré, se contentait de ne rien comprendre.

Adeline pourtant avait dit encore autre chose.

Elle avait dit : Lorsque, ennuyé de teiller le
chanvre, ou irrité des plaisanteries auxquelles
il ne sait pas répondre, il part avant l'heure ;

lorsque plusieurs soirs, il ne revient pas, il veille ailleurs dans une maison où le plaisir n'est point assaisonné par le travail ; et il se plaît dans cette maison ; il y a de l'esprit : il en sort toujours gai, toujours content de lui.

A ce souvenir, Génie devait s'arrêter plus long-temps ; car il y avait dans cette maison deux grandes filles brunes et vagabondes, comme les enfants de la Bohème, qui jouaient aux cartes aussi bien que Génie cousait ; la gaieté du lieu était cette gaieté sauvage qui étourdit et grise, et à force de griser abrutit. Adeline avait ajouté que c'était celle où l'on parlait avec le plus de mépris de la maison de sa mère... Et il s'y plai-sait ! Il en sortait toujours gai !

Cette pensée fut si dure à Génie, lorsqu'elle lui revint après la triste épreuve faite, dans cette conversation, sur le cœur de son ami, qu'elle ne put s'empêcher de revenir là-dessus avec Adeline, dans le cabinet où elles couchaient ensemble, et que les ricanements de celle-ci exaspérant sa douleur, elle cria si haut : Mensonge! Infamie! que la mère arriva au milieu de la nuit.

— Mère, mère! s'écria Génie en tendant ses mains jointes vers ce solide appui, n'est-ce pas, c'est impossible?

En même temps Adeline, la haineuse, songeant à son serment, utilisait l'esclandre contre le malencontreux surveillant. De quelles couleurs elle peignit ce déserteur d'un honnête amour et d'une honorable maison, s'en allant verser des chagrins imaginaires dans l'assemblée bavarde et folle d'une orgie! De quels traits elle cribla cet imbécile se laissant attirer par des femmes avides qui le plaignaient faussement et l'admiraient avec ironie!...

Mais ce fut en vain qu'elle souffla la colère; en vain qu'elle sollicita le rire; ce fut en vain que Génie implora de sa courageuse mère un mot qui lui rendît le courage... Marie-Reine écoutait, immobile, les deux bras pendants; elle fixa, un moment, sur ses deux filles des yeux stupéfaits;

puis elle se retira en silence, après avoir dit seulement d'une voix basse ces paroles :

— Génie, ne songe plus à lui !

C'était la première fois.

Ces mots achevèrent d'éteindre l'espoir.

Quelle heure sombre dans la lumineuse histoire des amours que celle où l'espoir s'é-
teint !

Mais si j'étais peintre, je le représenterais,
moi, cet espoir mourant, sous les traits d'un na-
geur submergé par les flots... C'en est fait ! la
mer de l'adversité a tout englouti ! Il a lutté longtemps, longtemps il a souffert ; maintenant il suc-
combe, on n'en voit plus de trace ; il faut y re-
noncer pour jamais !... Mais quoi ?... quel est ce
point blanc ?... cette chose mouvante ?... C'est
son bras, sa chevelure... il s'agite, il reprend des
forces, il reparait sur l'eau !... Peut-être il pourra
encore atteindre le rivage ! Si vous lui tendiez
seulement cette petite branche !... s'il pouvait
saisir ce fêtu, ce brin d'herbe !

N'est-ce pas là ce combat renouvelé sans cesse dont on ne se lasse jamais?

Il en fut du moins ainsi dans les amours de Génie.

Son espoir sombré ressortit bientôt de l'abîme du désespoir; car Marie-Reine ne dit plus rien.

Après cette défense inattendue de songer désormais à Francis, Marie-Reine ne parla plus de lui.

Francis revint une ou deux fois à la veillée : elle le reçut comme à l'ordinaire, et la belle saison approchait.

Ce fut le petit rameau, le fétu, le brin d'herbe tendu à l'espoir défaillant de Génie.

Le printemps, l'été, c'est pour la terre elle-même la saison de l'espoir : un bourgeon vert remplace les feuilles mortes; les fraîches plantes sortent du sol flétri; le blé pousse et mûrit.

Génie attendit, comme la terre, les bienfaits d'un nouveau soleil.

Elle espéra; car il faut toujours qu'on espère.

A quoi se rattacha son esprit?

Sans doute aux souvenirs que lui rapportait la saison nouvelle.

Marie-Reine laissa passer encore tout l'été de la sixième année, observant les choses de son œil sévère, pinçant les lèvres pour ne rien dire.

L'été, c'était la moisson : doux temps comme la veillée, et celui-là, les moqueurs ne l'avaient point gâté.

A la moisson dernière, c'était encore un si grand plaisir de ramasser près de Francis le grain qu'il fauchait! et il fauchait de si bon cœur!

L'année d'avant, il avait dit :

— Tu ramasses vite, Génie; tu n'as pas ta pareille au village!

Et l'autre année, avant celle-là, qu'il avait l'air joyeux!

Et puis l'autre, l'autre tout en arrière de ces années un peu moins belles, qu'ils l'étaient tous deux encore bien davantage!

Et la première donc!... la toute première!...

Oh! alors les petits oiseaux qui venaient babiller sur le haut des javelles ne l'étaient pas autant que ce couple d'enfants!

Francis alla, selon son habitude, chez le même maître que Génie.

La moisson est riche, le maître est content, et contents sont les moissonneurs, surtout à la fin de la journée, quand le soleil brûlant fait place à la première étoile. La mère qui a apporté son petit enfant s'assied pour l'allaiter; le moissonneur rebat sa faux, la moissonneuse ôte sa cornette de paille; le front doré comme les blés, s'essuie sur la manche ou sur le bras nu, et, le cœur plein, chante comme l'épi trop mûr laisse tomber sa graine.

Francis est auprès de sa bonne amie; pourquoi ne chante-t-il pas? Sa voix est si belle! Les belles voix sont faites pour bien dire pour tous ce qu'à pareille heure tous sentent sous le ciel du bon Dieu et ne savent pas dire.

— Chante donc, Francis? dit la jeune fille.

Et Francis chante... une chanson grivoise qui fait rire les moissonneurs.

C'est que Francis, le Francis de la première Saint-Lambert, a perdu l'abondance qui, dans ce temps-là, l'inspirait autrement.

C'est qu'au lieu du bon grain parmi lequel était ce loyal amour qui parlait vrai, même en silence, il n'a plus rien dans le cœur.

Adeline avait donc raison dans sa méchanceté, dans sa vengeance, la coquette Adeline, aussi cruelle que coquette?

Quand elle dit ces choses qui font tant de mal, faut-il donc la bénir?

Travaille-t-elle comme l'oculiste, alors qu'il nous met dans l'œil une drogue brûlante, dévorante... qui nous force à voir clair?

Enfin lorsque toutes les gerbes furent rentrées, la vendange faite, avant qu'on recommençât de veiller, un soir que Marie-Reine était seule avec ses deux filles, elle se leva du coin du feu d'un air solennel, et s'en alla fermer la porte à la clef.

VIII

— Génie, dit-elle en venant se rasseoir entre elles deux, tu es ma fille aînée: je ne l'oublie pas, comme tu ne dois pas l'oublier toi-même!

Génie leva les yeux, et regarda sa mère avec inquiétude.

— Je ne sais pas si tu me comprends, reprit celle-ci en croisant ses longs bras maigres sur sa poitrine ; la fille aînée est la première, entends-tu, Génie? la première!... la première dans les amitiés de sa mère aussi bien que dans la vie; et elle doit l'être aussi, la première, pour ce qui est de la réputation de la famille, la première dehors comme dans la maison, et dans la maison comme dehors.

— Mère, balbutia Génie, car Marie-Reine attachant sur elle ses grands yeux pâles ne parlait

plus, mère, je ne veux être la première que dans
vos amitiés et dans mon envie de ne jamais faire
affront à la famille... et je crois que jusqu'à présent... grâce à Dieu et à la bonne sainte Vierge...

Marie-Reine pinça ses lèvres fines, et regarda
le feu avec indifférence.

— Tu es assez raisonnable pour me donner un
avis, reprit-elle; et, quoique notre Adeline soit
là, je peux bien te consulter. Elle a aujourd'hui
vingt ans faits; c'est encore jeune; mais comme
il se présente un bon parti, je pense que je ferais
peut-être bien de l'établir...

— Ah! vous avez raison, mère, dit la jeune
fille avec joie; Adeline est bien assez forte et bien
assez raisonnable : d'ailleurs beaucoup de filles,
à son âge, sont déja mariées.

— C'est vrai, reprit la mère, c'est l'âge où l'on
marie généralement les filles dans ce pays-ci; et
si nous attendions plus tard, peut-être aurions-
nous à nous en repentir. Adeline a méprisé les
avis de sa mère, et attiré un grand nombre d'a-

moureux que je n'ai laissés venir à la maison
que pour lui faire faire un choix sous mes yeux
et en finir comme il convient. Car une fille qui a
été longtemps courtisée et qui ne se marie pas!...

Ici la mère fit une pause et secoua la tête d'un
air plus significatif que n'eussent été les paroles.

— Tout le monde a les yeux sur elle; et tandis
qu'Adeline croit exciter l'envie, on l'observe, on
la blâme tout bas, en attendant l'instant de la
mépriser ouvertement. Cet instant sera celui où
les amants déserteront l'un après l'autre, et où la
fille tant courtisée ne sera plus qu'une fille abandonnée... Et la fille abandonnée... savez-vous ce
que c'est?... C'est Manon.. la folle Manon... la
risée du village, qui va se cacher dans les ruines,
parce qu'elle n'ose plus vivre avec les vivants!...

Génie tressaillit au souvenir de cette pauvre
fille qu'elle avait défendue autrefois contre les
plaisanteries dont Francis avait cru l'égayer auprès de la fontaine de Saint-Lambert : souvenir
auquel se rattachait celui d'un jour de bonheur

et d'abondance, et qui la frappait inopinément dans un jour hélas! si différent.

Elle balbutia :

— Mère, pourquoi dites-vous cela?

— Parce que je veux te faire réfléchir, toi, ma fille aînée, de qui j'ai toujours attendu le plus de consolation et d'honneur pour mes vieux jours, je veux que tu saches à quoi l'on s'expose, quand on gaspille la jeunesse dans des attachements trompeurs qui nous font perdre non-seulement le bonheur du reste de la vie, mais encore, à la fin, cette chère et honnête réputation qu'une brave fille doit estimer avant tout.

— Mais, maman, reprit Génie embarrassée, si vous craignez pour Adeline de pareils malheurs, et si un bon parti se présente, pourquoi hésitez-vous?

— Parce que je ne puis marier Adeline à présent; répondit laconiquement la mère.

— Est-ce à cause du trousseau? demanda timidement Génie.

La mère ne répondit pas.

Génie rougit beaucoup et dit :

— Je sais bien que celui d'Adeline n'est pas aussi avancé que le mien, mais...

Des paroles devaient suivre, et... et elles se trompèrent de chemin : au lieu d'agiter les lèvres, elles rougirent les yeux qui retenaient avec beaucoup d'effort ces paroles devenues des larmes... Non, Génie n'eut pas le courage de dire : — Je n'en ai plus besoin ! — Quand elle put parler, elle tendit la main à sa sœur, et dit avec la chaleur d'un bon cœur :

— Nous sommes à peu près de la même taille, nous changerons de trousseau... Ainsi j'aurai dû moins travaillé pour faire plaisir à quelqu'un !

La mère eut beau vouloir garder son air impassible, tenir son cou roide, sa paupière baissée, une larme s'en échappa.

— Tu voudrais t'oublier pour elle et te laisser sacrifier comme une pauvre agnelle qui ne sait

défendre ni sa toison ni sa vie! Et tu crois que je
le souffrirais?... que moi, j'oublierais mon aînée,
et serais contente d'avoir une fille établie et mise
à l'abri, quand le bon Dieu m'en a donné deux?

La larme fut essuyée sur le dos d'une rude
main qui se ferma convulsivement, tandis que les
longs yeux de la veuve s'élevaient au ciel.

— Tu lui donnerais ton trousseau ! Tu la lais-
serais se marier avant toi, pour qu'on dise : la
première ne compte plus ; elle attend le bon plaisir d'un homme qui la dédaigne, d'un lâche qui
l'aime et n'a pas le cœur d'en faire sa femme !
Ou pis encore, Génie : tu ne sais pas jusqu'où a
été son ingratitude... Génie, ce n'est pas ta sœur
seule qui a attiré tous les yeux au péril de son
honneur, c'est toi, ma fille, toi bien plus qu'elle,
qui a sacrifié tous les autres et toi-même à un
homme qui te sacrifie; c'est toi, pauvre innocente, qui vas devenir la fille abandonnée, ba-
fouée, qui n'ose plus se montrer ; et c'est pour toi
surtout que j'ai parlé. Mais il n'en sera pas ainsi,

je t'en donne ma parole !... Tu seras la première
partout comme ça se doit, ou sinon point de noce
dans la maison; point de petits-enfants autour
de la vieille mère ! Ta sœur vieillira au milieu
des galants qui se vengeront de sa coquetterie,
comme les hommes se vengent... Elle se perdra
peut-être; les gens nous regarderont par-dessus
l'épaule; tout le monde nous méprisera; quoi
qu'il arrive, on aura beau travailler, on ne gagnera
plus rien qui serve à réjouir la vie, et du chanvre
qu'on sème, on n'aura plus besoin que d'avoir, à
la fin, trois draps pour nous ensevelir...

— Oh ! maman ! ma chère maman ! dit Génie
voyant monter une seconde larme aux paupières
grises de la veuve, que voulez-vous donc faire ?

— Je veux marier Adeline, et commencer,
comme il se doit, par marier mon aînée ! reprit
la mère avec résolution.

— Mais... fit Génie considérant, d'un côté, l'a-
venir perdu de sa sœur, l'affliction de sa mère;
de l'autre, l'indécision de Francis, car elle ne

pouvait encore rien imaginer d'autre : elle lui restait fidèle même dans ses suppositions ; mais, puisque Francis ne parle pas?...

— Francis a parlé! dit la mère.

Francis a parlé! et pourtant Génie tremble sous le regard qui accompagne ces mots.

— S'il n'avait pas parlé, moi, je ne parlerais pas aujourd'hui, reprit la mère. Je sais que cinq années d'amitié ne s'oublient pas aisément ; je voyais bien aussi qu'il avait chassé, l'un après l'autre, tous ceux qui, dans le pays, auraient pu prétendre à t'épouser ; je sentais bien que ceux qui étaient partis ne reviendraient pas ; qu'aucun nouveau ne se présenterait non plus tant qu'il serait là, ni après qu'il n'y serait plus, parce qu'alors Génie serait un rebut, une de ces filles dont personne ne veut... Oui, je comprenais que lui seul pouvait réparer l'étourderie de ces cinq années et remettre à sa place l'honnête fille qui n'avait pas mérité de déchoir, et que, grâce à lui, on commençait à mépriser ; et lui aussi, il le sentait bien... il évitait de venir; notre maison lui pesait sur les épaules; il cherchait journellement des prétextes de querelles et de rancunes; et enfin hier, il s'est décidé... Raconte, Adeline, ce qu'il a fait hier.

— Hier? disait en elle-même Génie. A quelle heure est-il donc venu?

Car elle ne l'avait pas vu; et Adeline, avant de parler, souriait d'une joie si maligne qu'une angoisse lui montait au cœur.

— Hier, s'écria la sœur, Francis a été demander en mariage la riche veuve que sa mère veut lui faire épouser!

Un grand cri sortit du cœur oppressé de la jeune fille, qui cacha son visage dans ses deux mains.

— Tu es libre à présent! dit la mère.

Et elle raconta avec feu comment un jeune homme, de tous points meilleur et plus aimable, se présentait précisément à cet instant pour la sauver de ce terrible affront, pour la venger de ce dédain, et permettre à la mère d'assurer le bonheur de ses deux enfants.

Elle dit tout ce qu'elle voulut.

Je ne sais pas si Génie l'entendait.

Elle sanglota dans ses mains, et la mère parla jusqu'à ce qu'un bruit du dehors les rendit toutes deux attentives.

— C'est lui ! dit tout haut la mère.

— Ah ! si c'était lui ! dit tout bas la fille.

— Je lui ai promis que je te parlerais ce soir ; il vient sans doute, pour avoir la réponse.

— S'il s'en était douté ! s'il l'avait deviné ! s'il venait, s'il se répentait !... murmurait en son cœur la jeune fille.

Elle écarta à demi ses deux mains, souleva la tête pour écouter.

La mère leva le doigt, montrant la rue, et dit d'une voix rapide :

— L'amour n'a qu'un temps, la honte dure toute la vie ! Cache ton chagrin, Génie ; car ce que tu ne veux pas entendre, tout le monde le sait.

Francis a cassé les vitres; il t'a quittée : il n'y a qu'un moyen de ne pas rester une fille abandonnée... C'est de le quitter, d'être mariée avant lui ! Génie, Francis était hier chez la veuve, et voici Dominique ! Je lui ai dit de venir pour avoir ta réponse. Génie, essuie tes larmes ! Génie, pense à la folle, et sois sage !...

Une main cherchait à ouvrir dehors; mais la porte étant fermée à la clef, la main frappa assez rudement.

— Va ouvrir, Adeline, dit Marie-Reine en plaçant une quatrième chaise entre la sienne et celle de Génie.

Génie restait immobile à sa place, sans lever les yeux. Chaque petit bruit, chaque mouvement lui disait : « Silence ! voici un étranger ! » et glaçait ses larmes, et passait un lacet bien serré autour de son cœur... quand un cri d'étonnement y porta un grand coup et la força de regarder.

— Grand Dieu ! s'écria Adeline reculant de surprise; vous !... et dans quel état !

Le lacet se desserra si subitement qu'il faillit se rompre et laisser tomber à la fois toutes les larmes qu'il était chargé de retenir.

C'était Francis... Francis pâle, les membres agités d'un tremblement nerveux, les cheveux, le costume en désordre. C'était l'ami qu'on accusait d'avoir oublié sa première amie ; c'était ce premier et tendre ami à qui l'on pardonne tout hors de ne plus aimer.

La réponse à Adeline n'éclaircit qu'un point : c'est qu'il était instruit des projets de Marie-Reine ; que, pour ce soir du moins, il avait pris violemment la place de son rival et qu'il reportait sur l'ennemie intime de ses amours la colère qui, pour avoir déjà éclaté, n'était pas encore épuisée.

— Moi, oui, moi! dit-il ; moi, qui sais toutes vos menées ; moi, qui ne suis pas mort, quoique vous me vouliez détruire, et qui, tant que je vivrai... !

Un geste furieux acheva la phrase.

Le timide était devenu plus que hardi; l'irrésolu prompt et presque terrible. Les poings tremblants se crispaient; son visage pâle était contracté par les muscles que font mouvoir les
passions violentes, et ses yeux presque hagards
lançaient des étincelles.

Adeline ricana bien en disant :

— Te tuer?... Dieu m'en préserve! Il faudrait
des ongles plus forts que les miens!

Mais, en riant, elle se retira derrière sa
mère.

Les yeux étincelants de Francis se promenè-
rent autour de la chambre d'un air de bravade,
tandis qu'il prononçait vaguement des paroles de
défi.

Marie-Reine fit deux pas au-devant de lui,
s'arrêta au milieu de la chambre, et dit en levant la tête si haut qu'elle ressemblait à ces
grands spectres dont la taille s'allonge à vue
d'œil et finit par atteindre au plancher :

— Que viens-tu faire ici?

C'était clair. Francis arraché à l'indolence de sa passion tranquille par un événement qu'il croyait impossible, Francis exaspéré par l'idée de voir son amie devenir la compagne d'un autre, Francis venait reprocher à la sœur d'avoir travaillé à lui faire perdre son cœur; à la mère d'avoir disposé de sa main : Francis venait réclamer ses droits.

Mais, à cette question, il sentit de la glace couler dans ses veines sur sa bouillante colère... Oui, comme devant un vrai spectre, il s'arrêta court, et, bon gré, mal gré, descendit dans sa conscience pour se demander quels étaient ses droits !

Ses droits... c'était l'amour de Génie; il n'en avait pas d'autres.

Ah! si Génie lui souriait ! Si Génie lui tendait la main! il saurait bien répondre. Mais Génie ne sait pas encore ce qu'il vient faire ici. Le cordon s'est renoué plus serré que jamais autour de son cœur; son œil, pour ne pas pleurer ou sourire, est pareil à celui d'une morte; et c'est tout au plus s'il l'aperçoit au travers de sa mère.

— Veux-tu que je te le dise? reprit le spectre maternel.

Tu viens pour achever ce que tu fais ici depuis cinq ans.

— J'aime Génie depuis cinq ans! s'écria Francis.

— Depuis cinq ans tu la trompes? s'écria la mère.

— Non! dit Francis avec force. Je l'ai toujours aimée; je ne l'ai pas trompée un seul instant!...

Mais derrière la figure irritée de la mère était le follet malin qui avança la tête en riant, et dit :

— Que faisais-tu donc hier chez la veuve?

— Quelle veuve? balbutia Francis en pâlissant.

Génie comprit fort bien qu'il y avait été. Aller chez cette veuve, n'était-ce pas déjà la trahir? Et pourtant elle attend encore qu'il se justifie.

La mère moins indulgente jette un sourire froid et tranchant sur le dépit de Francis.

— Tu as été chez la veuve pour tâcher de lui plaire, reprend-elle; mais la veuve qui est riche est aussi indécise à te dire : Oui, que toi à demander ma fille; et en attendant, tu veux garder ta première amie par prudence... Il ne te convient pas que je la mette à l'abri de tes dédains... Elle est à toi, parce qu'elle t'aime, et tu la veux garder en cas d'un caprice qui te ramène à elle... Elle est à toi parce qu'elle t'a donné la fleur de cinq belles années qui ne reviendront plus; et je dois attendre que tu la prennes ou que tu la jettes, pour savoir ce que deviendra le reste de sa vie!...

La pâleur de Francis, à chaque parole de Marie-Reine, recevait une ondée rouge, comme si elles eussent piqué quelqu'endroit d'où jaillissait le sang.

Son visage entier, à la fin, se teignit de pourpre, son cœur se réchauffa :

— O mère Parisot ! s'écria-t-il avec un geste de rancune et de désespoir intraduisible vers l'angle de la chambre où était la couchette : je ne m'étonne pas...

Mais il s'interrompit aussitôt, et dit :

— Pour l'amour de Dieu, écoutez-moi donc ! si je viens, c'est que j'ai quelque chose à vous dire, si me voilà, c'est que mes intentions...

— Ah ! la veuve t'a refusé ? ricana Adeline.

— Chut ! fit Marie-Reine ; si c'est une réparation qu'il apporte, j'écoute.

Et ses grands yeux pâles, qui semblait allumés d'une flamme intérieure comme ceux des spectres, s'abaissèrent sur lui, voilant cette flamme d'une gaze. Sa colère s'amollit comme un bâton de cire devant le feu, sa haute taille descendit du plafond, et dans son attitude impérieuse, il n'y eut plus guère que de la dignité.

Cependant Francis avait encore de la peine à parler. Poussé à bout par la jalousie et par les durs reproches de Marie-Reine, il semblait se recueillir et rassembler toutes ses forces morales...

Tout le monde écouta : Génie avec une impatience joyeuse... c'est une si terrible chose que l'ensorcellement de l'amour, que, dans sa satisfaction de voir qu'il est sorti libre de la maison de la veuve, elle a déjà oublié qu'il y est entré ; Marie-Reine avec une impatience sévère ; Adeline songeant déjà à tourner à mal les plus loyales paroles.

L'horloge frappa deux ou trois tic tac qui retentirent plus fort que les autres sur ces trois esprits tendus.

— Je savais bien, se disait Génie, qu'il ne pourrait jamais m'oublier jusque là !

— Entrer chez la veuve, après tout, n'était pas la demander en mariage, observait tout bas Marie-Reine pour s'exhorter à l'indulgence.

— Monsieur Francis, l'irrésolu, ne s'est pas plus décidé à épouser la veuve pour l'amour de ses écus, que Génie pour l'amour de ses beaux yeux, se disait Adeline, mais c'est égal ; que peut-il dire pour s'excuser?... et pour peu que Génie ait du cœur...

— Marie-Reine, prononça enfin Francis d'une voix ferme, je vous demande la main de votre fille !

— Tu me la demandes?... répondit la mère de Génie avec un reste de rancune; je ne te reprocherai pas de te décider si tard; je ne te dirai pas que tu vas me forcer à me montrer aussi inconsidérée que toi ; que, grâce à toi, je vais manquer à ma parole... Non ; mais tu sauras que ce qui n'était pas un engagement pour toi, volage ! en était un pour nous. Puisque, depuis six ans, tu parles à ma fille, et qu'au vu et su de tout le monde, elle a de l'amitié pour toi ; je ne veux pas regarder si je refuse un meilleur parti, et si, depuis quelque temps, tu as pris pour le cabaret un goût... qui se passera, j'espère; mais...

Ce disant, elle étendit son grand bras, avec sa majesté de reine.

— Tu vois le seuil de la porte... ne le repasse

qu'avec ta mère et ton oncle Jean pour me répéter devant eux ta demande; et ainsi, si tu es sincère... on en saura la vérité !

IX

Je ne sais si sa mère s'entêta à lui faire faire
un plus riche parti, ou si l'oncle Jean qui était
son subrogé tuteur se ressouvint d'une vieille
querelle qu'il avait eue avec Jean Parisot, ou si
les grands airs de Marie-Reine l'avaient intimidé;
il ne repassa le seuil de la porte ni seul, ni avec
sa mère et l'oncle Jean.

Mais il revint dans le verger, auprès de la
haie où avaient commencé les amours. Il s'en
alla frapper à la fenêtre du cabinet où devaient
dormir les enfants.

Peu de temps après cette scène, je le vis, un

soir, bien tard, quand déjà on ne distinguait plus guère un homme d'un buisson.

Il fallait l'œil de Govin pour être sûr que ce tas noir, derrière ce volet, était un homme, et que cet homme, était Francis.

Je me dis :

— Voilà qui prend un mauvais chemin !... Ouvrira-t-elle?...

Et je m'approchai le plus près qu'il était possible, sans entrer dans l'enclos.

Je crus longtemps qu'elle n'ouvrirait pas; mais enfin j'entendis le volet rouler tout doucement sur ses gonds.

—Ah! Génie, disais-je, tu vas parlementer avec l'amour; il n'y a rien de pis, de plus dangereux ! Génie, Génie, pourquoi ouvrir la fenêtre à celui qui pourrait entrer par la porte, et qui prend volontairement le chemin des maraudeurs?...

Je tendais l'oreille; mais je n'entendis rien qu'un sanglot par-ci par-là.

— Si c'est toi, imbécile, murmurais-je, tu as

bonne mine de pleurnicher, bourreau de ton bonheur! attends donc que tu aies fini de jeter sous tes pieds ce bonheur que tu tiens dans tes mains; alors tu pleureras, va je t'en réponds, tu pleureras des larmes amères!... Mais, que diable! il est encore temps; il ne faut que vouloir!... Et, justement, c'est pour ça que tu pleures, parce que tu n'as pas d'âme, pas de sang sous les ongles!

Si c'est elle :

— Génie, souviens-toi donc de ce qu'a dit ta mère : ce temps est un temps d'épreuve, et tu vois ce qu'il en fait... Pauvre enfant! j'entends bien ce que tu réponds; je vois les jeunes souvenirs monter à cette fenêtre comme des clématites trop parfumées, et couronner vos deux têtes si rapprochées l'une de l'autre... Raison de plus, Génie : ferme vite la fenêtre, puisque tu as eu l'imprudence de l'ouvrir...

Mais elle ne la fermait pas. On parlementait toujours.

— Que te dit-il ?... Il promet?... Génie, peux-tu écouter celui qui s'amuse à promettre quand il pourrait tenir?... Auras-tu cette faiblesse ?... Génie, Génie, que fais-tu là !...

A force de pointer l'oreille, j'entendis le nom de l'oncle Jean et de la mère de Francis. C'était Génie qui parlait.

Francis fit un signe négatif et découragé ; puis à son tour, il parla, il pressa.

Je distinguai le nom de Marie-Reine.

— Je parie qu'il te demande de quitter ta mère, lui qui n'a pas le courage de supplier la sienne pour l'amour de toi ! Il lui faut un sacrifice pour accepter ta main... il lui faut, sur le seuil qu'elle lui a défendu de repasser seul, le cœur brisé de ta vieille mère... il n'entrera sous son toit que pour lui ôter sa fille ! Il marchande... il cherche des prétextes... je devine ce que je n'entends pas.

Vas-tu céder?...

Elle se pencha hors du chassis. Je la vis tout

entière aux clartés de la lune; je vis sa main qu'elle lui tendait... Je regardai si fort et la lune devint si claire que je distinguai un anneau d'or... Puis un nuage monta... tout rentra dans l'ombre.

Génie indignée avait-elle rendu à Francis un anneau de fiançailles?

Venait-il, au contraire de lui donner clandestinement ce signe d'un engagement contracté sous de si tristes auspices?

La diable de haie m'empêchait d'approcher.

Tout ce que je pus constater positivement fut que personne ne sortit par la fenêtre du cabinet, et que la masse noire auprès du volet ne bougea de place que pour se retirer, quand la fenêtre fut fermée.

C'est égal : je n'étais pas content.

— S'il n'est pas congédié, pensai-je, il reviendra demain. Moi aussi... nous serons deux! cette fois, j'entre dans l'enclos, et je dis au maraudeur, en le regardant entre les deux yeux :
— Mon camarade, il est temps que cela finisse !

Mais ce fut précisément vers ce temps-là que je fus pris de ce maudit rhumatisme qui me tient à la jambe. L'accès fut si violent que je restai bien deux mois sans sortir de mon lit... On tendit des collets; on braconna dans la plaine, on vola dans les champs; on jasa derrière les haies, partout où l'on voulut; on baptisa les enfants; on enterra les morts; on maria les filles sans que Govin s'en mêlât...

La maladie ne nous laisse d'autre faculté que ce pauvre esprit qui s'élève un peu au-dessus de nos misères en ces mauvais quarts d'heure, et dont on pourrait dire, beaucoup mieux que du vin, ce qu'en dit la chanson :

> La riante couleur du vin
> Prête son charme à toute la nature,
> Et j'aime alors le genre humain!

Je vivotais donc l'idée dans l'esprit, la plume à la main, aimant Génie, et n'osant m'informer d'elle à ma vieille, de peur de quelque rebuffade, joyeux de pouvoir penser à quelque chose, affligé de n'être bon à rien, quand je vis, un matin, le petit Toinon retourner toutes mes hardes, sous prétexte de chercher un morceau des draps noirs dont on se sert à l'église pour les messes des morts, comme si j'emportais chez moi les af-faires de la sacristie!... qui, après tout, y se-raient mieux, car les rats n'y laissent rien...

Donc, l'ayant renvoyé de ma chambre, ma vieille l'arrêta dans la cuisine.

Ma vieille, qui n'est pas curieuse à moitié, lui demanda :

— Est-ce un service? Un enterrement? Pour qui la messe noire? Quel malheur est tombé sur la famille? Est-ce que sa fille est morte? Est-ce qu'il revient dans la maison?...

Et à travers ce déluge, j'entendis le nom de Jean Parisot, le nom de Marie-Reine, celui de Génie.

Génie!... Sa blonde figure me revenait au mi-lieu de ce noir, à moi qui ne l'avais pas vue depuis ce fameux soir, et le fil perdu de son histoire tendre et mélancolique se renouait, pour moi, avec ces lambeaux de drap mortuaire !...

Effectivement l'idée vermeille que j'en avais gardée devait prendre, à partir de ce temps là, une teinte de plus en plus triste.

Mais n'anticipons pas : ne mettons pas, comme on dit, *la charrue devant les bœufs*.

X

C'est par une lettre que vous saurez, comme je le sus plus tard, le premier événement qui suivit la scène que Francis termina par une demande en mariage à laquelle il n'eut pas le courage de donner suite, et la dernière entrevue des amants du côté du verger, à cette fenêtre que Génie hésita si longtemps à ouvrir et ne put tenir fermée.

La lettre fut écrite à bord de ce bâtiment couvert de toile blanche qui voguait sur la route de Lorraine en Belgique, sous le commandement du capitaine Choffart, ce gros rougeaud à la tête blanche, aimable et réjoui, qui caressait les petites filles et savait respecter les grandes, quand elles étaient respectables.

Il disait, — l'écrit conçu à bord du bâtiment de commerce du bonhomme Choffart, qui filait lentement sur la route, remorqué par le Gris, et relâchait de hameau en village, partout où se trouvait quelque bonne ménagère teillant le chanvre, filant l'œuvre, et vendant... son pain blanc pour vivre de pain bis, l'écrit longuement et péniblement filé, comme le voyage, et mis sur le papier, phrase par phrase, une aujourd'hui, une autre demain, à chaque endroit où l'on arrivait, le soir, pour secouer sa poussière, pour boire de l'eau plus fraîche que celle qui voyageait avec Choffart et sa cargaison, et pour passer la nuit :

« Ma chère et bonne maman,

» Je vous embrasse de tout mon cœur, et vous demande pardon de vous avoir quittée sans votre permission. La raison en est qu'après vous l'avoir demandée, je n'aurais pu partir, parce que, sûrement, vous m'en auriez empêchée, et que moi-même je ne l'aurais plus voulu.

» On a beau dire qu'on a sa volonté à soi : avec les gens qu'on aime... comme... je vous aime, ma chère maman, je crois bien qu'on n'a rien à soi, encore moins sa volonté que toute autre chose. Voilà principalement pourquoi je suis partie en secret avec le père Choffart.

» Le père Choffart m'avait dit, me voyant affligée : « Tout se dissipe au grand air, sauf l'ar-
» gent, quand on travaille en voyageant. Laisse
» tes chagrins à Laméville, et viens avec moi. Je
» te placerai dans une bonne maison, où tu feras
» des épargnes pour te mettre en ménage. »

» Hélas ! ma chère maman, ce n'est pas pour

me mettre en ménage que je veux faire des épargnes, mais pour que vous soyez contente de moi.
Et quant à ce que disait ailleurs le père Choffart... c'est vrai que le monde est grand et qu'on
ne manque pas d'y trouver de quoi se distraire.
J'ai déjà vu bien du pays et bien des gens, en
tricotant sur la voiture ou conduisant le Gris;
mais tout cela passe devant mes yeux, et n'entre
point dans mon idée... Il me semble, quoique
je sois dans les pays mêmes et tout près des gens,
quoiqu'ils me regardent, me parlent et me tou-
chent quasi, il me semble que les gens sont loin
de moi, et que les pays sont des peintures et non
de vrais pays... enfin que, dans le monde si grand
qu'il soit, il n'y a rien que Laméville et ceux que
j'y ai laissés.

» J'espère, ma bien-aimée maman, qu'Hermance vous aura dit que ce n'est pas ma faute si
je vous ai fait un si gros chagrin... Oh! non; le
mal qui arrive, c'est qu'il doit arriver; et je ne
voudrais accuser personne de celui qu'on m'a

fait. J'espère qu'elle ne vous aura pas laissée chercher trop longtemps et pleurer après moi.

» Ma chère bien-aimée maman, nous ne nous sommes quittées que pour nous revoir dans un temps plus heureux... Il est vrai qu'on dit cela des morts... Mais nous sommes encore tous sur sur la terre, et nous pourrions y avoir notre paradis...

» Ma chère bien-aimée maman, priez le bon Dieu pour moi : moi, je ne peux pas, parce que le bruit de la voiture m'en empêche. Embrassez bien ma sœur et ma cousine Hermance. Soyez tranquille et portez-vous bien.

» Votre fille soumise et affectionnée,

» JEANNIE PARISOT.

» *P. S.* — Si Manon vient demander l'aumône pendant que je n'y suis pas, la pauvre fille abandonnée qui est devenue folle à cause de cela! donnez-lui du lard sur son pain, et empêchez les gens qui seraient chez vous de se moquer d'elle. »

Quand la mère vit venir le facteur avec cette lettre, elle tint son cœur à deux mains pour ne pas défaillir... Puis elle l'ouvrit en tremblant de plaisir et d'angoisse; puis, comme elle n'était pas très-habile à lire l'écriture, elle courut, la lettre à la main, appelant Adeline.

Adeline lut la lettre; et ainsi fit chaque personne qui vint ce jour-là et les jours suivants; car à chaque personne la mère tendait la lettre en silence pour l'entendre encore une fois. Et quand c'était fini, elle joignait ses longues mains tremblantes, levait les yeux au ciel, et murmurait :

— Oh! qui m'aurait dit que sa parole m'arriverait jamais ainsi de loin par une bouche étrangère, comme la parole d'une morte! Ma Génie! mon enfant! si, au lieu de ta lettre, je pouvais te voir là... te revoir !... Si quelqu'un t'allait chercher par le monde où tu es pour te ramener au pays... oh! celui-là !...

Et ses mains jointes se serraient avec force,

ses yeux envoyaient au ciel de ces vœux qui n'ont point de mots pour les rendre.

— Ce sera moi ! dit Francis, lorsqu'on lui eut rapporté cela. J'irai la chercher !

Il lui semblait entendre cette phrase dans la bouche de la jeune fille : « Nous sommes encore tous sur la terre, et nous pourrions y avoir notre paradis ! » Il lui semblait qu'elle s'adressait aussi clairement à lui que si elle eût commencé par ces mots : « Mon bien-aimé Francis ! »

Mais bientôt il réfléchit et de grandes difficultés s'élevèrent.

— Où irai-je pour la chercher ? se demanda-t-il.

Personne ne pouvait dire en quel lieu précisément se trouvait Choffart : il allait à la grâce de Dieu et selon les chances de son commerce, tantôt ici, tantôt là, d'une manière si peu sûre et si incertaine que Génie n'avait pas même pu mettre son adresse sur sa lettre.

— Je ne la trouverai jamais ! se dit Francis à

qui le monde apparaissait, de son village dont il n'était jamais sorti, comme ces grands déserts de sable sans chemins et sans auberges, dont il est question dans les livres des voyageurs.

Et puis après cela, il pensa encore :

— Que lui dirai-je pour la décider à revenir avec moi ? puisqu'elle n'a pas voulu m'entendre avant de partir, puisqu'elle est partie sans me dire adieu !

» Enfin, je crois qu'elle pense à moi... mais m'a-t-elle seulement nommé !...

Si Génie avait dit sa lettre, au lieu de l'écrire, il aurait mieux senti que, si le nom y manquait, ce mot-là était caché sous tous les autres.

Quoi qu'il en soit des réflexions de Francis, la mère et la sœur ne furent pas dans un moindre embarras ; et la tristesse de Marie-Reine s'en accrut beaucoup.

Elle dit à sa fille :

— N'importe la dépense, achète-moi du papier pour tout l'argent de la crême que j'ai vendue au dernier marché. Il faut absolument lui répondre. Et puisqu'on n'est pas bien sûr qu'une lettre lui arrive, on lui en écrira dix ; on lui en écrira sur toute la route plutôt que de rester séparées, tout à fait séparées.

Mais Adeline écrivit en vain à Génie en divers lieux :

. . . . , .

« La mère qui a supporté bravement tant de de travail et d'affliction, ne peut supporter ton absence. La maladie l'a prise le jour de ton départ, et ne la laissera point que tu ne sois de retour... »

Elle ne revint pas : preuve qu'elle ne savait rien ; et elle écrivit dans une seconde lettre :

. . . .

« J'achète de la laine partout où nous nous arrêtons, et j'ai déjà fait six paires de bas qui seront pour quelqu'un qui ne prend guère le temps de travailler pour soi. Mon Dieu, ma chère maman, combien de fois j'ai tourné le fil autour

9.

de l'aiguille et jeté bas de petites mailles pour en
venir à cette fin ! Combien de fois la roue a tourné
pour m'éloigner de vous ! Combien de jours le
soleil s'est levé, a roulé dans le ciel au-dessus de
ma tête, puis s'est couché ! Et que tout cela serait
ennuyeux si, à chaque maille, je ne m'étais dit :
c'est pour ma chère maman ! à chaque tour de
roue : peut-être qu'elle tournera aussi pour le
retour ! à chaque soleil : il luit pour Laméville !
et n'avais vu Laméville sous chaque soleil ! Ah !
ma chère maman... ah ! sans cela... ah ! si l'on
ne pensait toujours à quelque chose qui soutienne
le cœur, on mourrait de la vie qui se tricote
comme un pauvre bas, et qui s'allonge au tour de
roue, sans qu'on sache où l'on va !

» Choffart, lui, il compte son argent quand il
monte en voiture ; ça le délasse. Il disait en entrant à Mouzon : « Ici nous commençons à vendre
» de la toile blanche, parce que les gens y sont
» heureux. » J'ai demandé pourquoi ? en regardant une jolie petite chapelle qu'ils ont faite dans

le mur au-dessus de la porte, et j'ai été bien éton-
née quand Choffart m'a répondu : « Ils sont heu-
» reux, ils mettent de la toile blanche, parce qu'ils
» gagnent de l'argent à filer de la laine. »

» Je pensais voir leur bonheur sur leur figure;
mais il n'y en avait pas, dans les rues, une seule
aussi gaie ni aussi en santé que chez nous.

» Dites à notre Adeline de me remplacer à
l'église et d'habiller exactement notre *Sainte
Vierge :* quoiqu'on ne gagne pas tant à travailler
aux champs qu'à filer de la laine, la sainte Vierge
de Laméville mérite encore mieux des chapelles
que celle de Mouzon.

» A Sedan, le père Choffart se frottait les mains
et faisait des calembours à tout propos, parce
que ce sont des gens bien plus heureux encore
que ceux de Mouzon.

» A peine est-on entré, qu'on entend le frou-
frou des grandes machines qui brassent des écus,
à ce que dit le père Choffart; et les gens vont,
viennent, se dépêchent comme s'ils allaient les

ramasser... mais qu'ils sont pâles! Pas un ne chante en marchant. Ils n'ont pas le temps, sans doute : tandis que nous, plus nous sommes pressés, plus nous sommes joyeux. Ils courent à leurs métiers comme nous à nos champs; mais les métiers crient et grincent dans des chambres sales où s'entassent les gens, tandis que les champs nous fleurissent sous la main et s'ouvrent au large devant nous.., aussi large que peuvent s'ouvrir le cœur et l'esprit.

» Ma chère bien-aimée maman, rien ne m'a fait envie dans cette ville heureuse, sauf une marraine qui s'en allait à l'église avec un petit enfant. J'ai pensé à l'enfant d'Hermance dont je devais être la marraine, et j'ai tant pleuré que Choffart a levé sur moi son aune en riant...

» Mais quand il me battrait, il n'empêcherait pas d'être ce qui est... quoique ce soit la plus sotte chose du monde. Car, qu'est-ce que c'est que ça?... Je ne désire et ne songe que Lunéville; et pour rien au monde je n'y voudrais retourner... »

— Voyez un peu, dit Francis, si j'étais parti, la belle avance !

Et la mère elle-même, après avoir lu cette dernière lettre, n'osa plus s'écrier, comme à la première : « Ah ! qui m'irait la chercher par le monde, ma Génie, mon enfant, et la ramènerait au pays !... » Elle baissa sa tête altière comme font les plus fiers sous une punition du ciel.

Ne pas même savoir où était sa fille ! La savoir vivante et perdue pour elle !... C'en était trop pour sa raison.

Toute la nuit suivante, elle entendit une chouette voler et crier dans le verger. Elle se leva, pâle, sans avoir dormi, et s'en alla au cimetière planter du buis béni sur les tombes et prier pour les morts.

La nuit d'après, le sommeil vint ; mais quel sommeil !... Pendant ce sommeil-là, elle revit Génie, Génie sa chère première-née. Mais où était-elle ?... d'un côté du Purgatoire, et de l'autre la mère ! Elle la voyait à travers des flammes, des cris d'âmes en peine, des figures pareilles à celles des mourants...

Ce fut le lendemain qu'elle fit dire cette messe noire pour le repos de l'âme de défunt Parisot.

Adeline n'avait point menti à sa sœur en lui écrivant :

« La mère, qui a supporté bravement tant de travail et d'affliction, ne peut supporter ton absence... »

Effectivement la maladie l'avait prise le jour du départ de sa fille. Une fièvre continue s'établit dans ce corps inflexible dont les membres secs ne semblaient pas assemblés par le pauvre ciment humain ; et les nerfs, incapables de se détendre, se brisèrent sans doute, car Marie-Reine n'eut plus de force.

Les amants vinrent ou s'en allèrent sans qu'elle y prît garde ; Adeline la mena où elle voulut.

On me dit l'avoir rencontrée sur le chemin de

Saint-Lambert, justement vers le temps de la fête ; — Adeline y pensait encore, et n'osait s'y trouver par hasard, — et Marie-Reine était devenue si indifférente qu'elle n'y pensait pas. Elle allait par là tous les jours, parce qu'Adeline l'y entraînait sous prétexte de lui faire boire de l'eau de la fontaine qui guérit de la fièvre.

C'était pitié de voir cette femme si énergique, si orgueilleuse, cette mère si fière de ses deux enfants, se traîner blême, abattue, humiliée, au bras de la seule fille qui lui restât, vers ce lieu où sa première-née, la plus belle et la meilleure, s'en allait, quelques années auparavant, si riche... vous savez : — si riche de beauté, de candeur, de joie et des petites épargnes de sa laborieuse mère ; commençant la vie comme une douce fleur d'espérance qui n'a besoin que d'un peu de soleil pour tourner à fruit.

C'était pitié, à ce que me dit ma vieille ; et bien des gens parlèrent là-dessus de diverses manières.

On en jasa beaucoup, puis moins, puis presque plus; sans que les choses allassent mieux pourtant.

On s'accoutume à tout. Moi-même, je m'étais bien accoutumé à souffrir, et ma vieille à me voir sur mon lit, quoiqu'au commencement, elle m'eût souvent reproché mon mal, parce qu'elle avait l'idée que je m'étais refroidi au mépris de ses conseils.

Enfin, c'est une bonne femme, après tout : bien qu'en grondant, elle me soigna de son mieux. Et puis, grâce à Dieu ! la sciatique fit comme mon épouse : à force de mordre elle s'usa les dents.

XI

Quel plaisir quand la souffrance vous lâche, que l'oreiller brûlant tiédit peu à peu, et qu'on peut s'endormir ! Quel plaisir quand on peut se

lever, se mettre sur ses pieds, et dire à la terre
qui tourne autour de vous et voudrait s'enfuir :
Coquette! tu as beau faire, tu m'appartiens, tu
ne m'échapperas plus! Quel plaisir de travailler
n'importe à quoi, et de reprendre bonnement le
fil de la vie!

Les fonctions de sacristain, en qualité de moins
pénibles, furent les premières dans lesquelles je
rentrai.

Le temps était beau : une petite gelée d'avril
qui ne mordait les bourgeons que pour les empêcher de pousser trop vite ; et la cloche sonnait
un baptême. Elle carillonnait ; elle sautillait dans
le clocher. Les marmots couraient dans la rue
pour avoir des *mayottes* (1), tandis que le père Govin
s'en allait, boitant, allumer son cierge.

Tout cela était gai, y compris Govin : mon
Dieu, oui, rien n'est si léger qu'un boiteux qui
se traîne sur sa béquille, après avoir passé deux
mois dans son lit.

(1) Bonbons de baptême.

J'aurais volontiers battu des sabots sur la terre, tendu les deux mains avec les enfants ; et, en attendant qu'il plût des *pois de Rome*, je m'arrêtai à la porte de l'église pour voir venir la marraine au bras du parrain.

J'aime qu'on choisisse de jolies marraines, afin de porter bonheur aux enfants ; et, cette fois, je fus si satisfait, que je m'écriai :

— Diable!... mais... mais... mais!...

Vous concevez que ma satisfaction allait croissant ; que l'étonnement succédait au plaisir ; et que tous deux grandissaient l'un par l'autre.

Que vis-je donc? Le voici.

D'abord de longs rubans que roulait et déroulait le vent ; un gros bouquet de tout ce qu'il y avait de mieux dans la saison ; puis une belle grande fille un peu pâle, mais souriante ; les yeux baissés, mais la tête haute...

C'était l'attitude fière d'une certaine reine que vous connaissez, sa roideur, son air composé et contraint, presque sa maigreur ; mais vingt ans de moins, le velouté de la jeunesse sur la pâleur de ses beaux traits, des cils de madone sur ses yeux sévères... enfin sur la personne entière une certaine grâce timide et triste mêlée à cette dignité exagérée dont on était tenté de se demander la cause...

Eh! la cause?... c'est le public apparemment; car le public vient béer sur le passage de cette marraine un peu plus que de raison.

Il sort devant les portes; il s'assemble en petits groupes où il est facile de distinguer des gens qui se parlent à l'oreille, sourient avec malice, et font de la tête un geste dans le vide, désignant quelqu'un que pour personne il n'est besoin de nommer, et s'entre-montrant discrètement du doigt tantôt la marraine, tantôt le parrain.

Le bon public de Laméville, qui est toujours au courant des plus petits détails des affaires d'autrui, s'amusait fort, en cette circonstance, non pas précisément de la reine de cette petite fête, mais d'une foule de commentaires, de réflexions, de suppositions qui venaient à son sujet émoustiller les esprits ; et, pour empêcher qu'elles ne débordassent en une foule de questions désagréables, la pauvre petite s'efforçait de mettre, comme une vraie reine, sa dignité entre elle et le curieux, l'importun public.

Le vieux Govin comprit cela après coup, mais, pour le moment, il s'avança, plus étourdi, plus imbécile que tous les autres, transporté par la joie, le plaisir, quoi! au-devant de la jolie marraine, en criant tout bonnement :

—Génie, est-ce bien toi?... toi de retour à Laméville! Quel bonheur, mon enfant! Tu as donc renoncé à toutes tes idées?... Plus de ces bêtises qui t'avaient fait partir, qui te retenaient loin du pays, soi-disant pour toujours!... Méchante! petite entêtée!... Mais qui donc a eu l'esprit de te dissuader d'un si mauvais projet? Qui a su te dépister par le monde? Qui t'a ramenée au village?...

J'avais commencé la kyrielle en disant : est-ce

bien toi? Mais je le vis de reste après mes questions.

Oh! si c'était elle? Si c'était la fille de Marie-Reine?... Ce n'était pas elle: c'était la mère en personne; c'était sa grande, roide et superbe mère... sauf toujours cette charmante jeunesse qui prête sa grâce même au dépit.

Ses lèvres se pincèrent, son front déjà bien haut se redressa encore, ses cils bruns touchèrent ses joues pâles.

— Oui, père Govin, répondit-elle d'un ton qu'elle cherchait à rendre naturel et dégagé, c'est bien moi, comme vous voyez! Je suis revenue, parce que ma mère était malade; et c'est le parrain de l'enfant d'Hermance qui a su me trouver et m'a ramenée.

Ces mots qu'elle accompagna d'un léger mouvement des yeux et de la tête, attirèrent naturellement mon attention sur le parrain auquel, jusqu'alors, je n'en avais guère accordé.

— Diable! dis-je en moi-même, après l'avoir

toisé des pieds à la tête, ce n'est pas maladroit !

Car, presque aussitôt, me revint à l'esprit cette phrase de la dernière lettre de Génie datée de Sedan :

« Rien ne m'a fait envie, dans cette ville heureuse, qu'une marraine allant à l'eglise avec un petit enfant... »

Et ce coup d'œil me suffit pour deviner toute l'aventure.

Ce garçon bien avisé a eu, comme tout le monde, connaissance de la lettre. Il a vu, dans cette phrase, une petite porte ouverte dans la volonté de Génie : c'était le désir de revoir Laméville qui s'échappait par là, malgré la raison, malgré la résolution prise avec effort, prise contre elle-même ; et peut-être par là on pouvait s'introduire dans la forteresse de son cœur...

Vite, il a couru chez Hermance solliciter la faveur, peu recherchée ordinairement, d'être le parrain de l'enfant, et il a promis d'amener la marraine.

— Comment ferez-vous, puisque les lettres ne peuvent la trouver ?

— Eh, parbleu ! tout chemin à la fin mène à Rome ! Il cherchera sa commère jusqu'au bout du monde, s'il le faut.

Il l'a trouvée sans aller si loin. Il lui a mis ce tableau sous les yeux, le charmant tableau d'aujourd'hui. Il lui a dit :

— Venez ; je suis le parrain de ce petit ange encore au démon, qui vous attend pour devenir un ange du bon Dieu ! Venez ; partons ensemble !

Et la marraine a tourné le dos au parrain. Elle s'est obstinée plus fort à son absence ; elle a dit :

Jamais, jamais je ne reverrai Laméville !

Il s'y attendait.

Il avait en réserve un autre argument.

Le doux tableau du petit ange nouveau-né trouvant Génie insensible, il lui a dépeint la maladie de sa mère ; il lui a dit :

— Elle vous appelle dans des lettres désolées qui s'égarent; et moi, je suis son fidèle messager.

A cela elle n'a plus osé, plus voulu dire non : elle est marraine de l'enfant d'Hermance avec le fidèle messager de sa mère.

Je pensai tout cela bien plus vite que vous ne pouvez le lire, et m'écriai pour conclusion :

— Ma foi, vive l'enfant d'Hermance! puisque sa naissance est l'occasion de ton retour. Qu'il vive cent ans, le brave moutard! Qu'il jouisse de toutes sortes de prospérités !

Le parrain et la marraine, précédés de la sage-femme portant le nouveau-né, allaient atteindre le portail.

Je courus devant eux pour décrocher le cierge pascal, bien décidé à prier M. le curé de faire à l'enfant la grande cérémonie : de le lui poser sur la poitrine, et de lui lire l'Évangile Saint-Jean sur la tête...

Puis je pensai tout à coup.

— Eh ! l'innocent ne sait pas seulement le bien

qu'il a fait ! C'est plutôt le parrain qui mérite un cierge !...

Une seconde fois je regardai ce personnage. Il avait un air triomphant, bien naturel dans la circonstance ; mais, avec cela, encore un autre air... un air... qui fit que je me dis :

— Quant à celui-là, je ne pense pas qu'un cierge, fût-il bénit à Rome, serait son affaire, et si pourtant c'était notre cierge pascal qui fût la récompense qu'il souhaite... on ferait bien de le mettre lestement sous la clef.

Je remarquai qu'il tenait trop serré et trop avant sous son bras le bras de la marraine, ce qui obligeait celle-ci à se tenir plus rapprochée de lui qu'apparemment elle ne l'aurait voulu, et qu'il lui lançait par-dessus son épaule de chauds regards embarrassants pour une jeune fille.

Mais, au premier abord, je ne m'arrêtai pas beaucoup à ces détails. Je me hâtai d'aller préparer tout ce qu'il fallait pour la cérémonie. J'étais moi-même enivré des succès du parrain, émerveillé de son éloquence, subjugué par sa hardiesse.

Quand on fut dans la chapelle où sont les fonts-baptismaux, je fis un petit clin d'œil approbateur à la marraine en apportant le sel à M. le curé.

Elle n'eut pas l'air de s'en apercevoir.

Cela me piqua au jeu. Je voulais absolument la rassurer et lui faire comprendre ma manière de voir. Enfin j'étais en veine d'étourderie.

Dans un autre moment où mes fonctions encore m'approchaient d'elle, j'en profitai pour lui souffler à l'oreille :

— Tu as bien fait! c'est un garçon d'esprit, celui-là!

Alors la pâle marraine passa subito du blanc pur au garance...

J'en fus confondu, comme si ce n'était pas la chose la plus naturelle du monde.

Mais ce qui me fit de la peine et me déconcerta, c'est qu'elle en perdit la respiration comme quelqu'un qu'une pensée étouffe, et qui voudrait mourir plutôt que de pleurer.

Rien de remarquable, du reste, dans la cérémonie, sinon qu'en signant l'acte Génie tremblait si fort qu'elle renversa l'encrier. Le parrain le ramassa en riant, essuya galamment les taches, et dit, tout en riant et se pressant amoureusement à l'oreille de la marraine :

— Ne tremblez pas ainsi, Génie, quand ce sera la robe blanche !

Encore un trait de lumière, s'il en eût été besoin. Le parrain pensait à cette robe de mariée, en menant sa commère à l'église ; son air triomphant était un air vainqueur, vainqueur que rien n'arrête : après avoir enlevé Génie de l'exil, il l'enlevait à sa blanche bannière de sacristine... il se croyait déjà à ce beau jour.

Le bon public aussi s'imaginait toutes ces choses en voyant passer le jeune couple, et murmurait derrière lui :

— Elle n'en mourra pas, de son chagrin !...

Allons, après la pluie le beau temps! et mieux vaut une noce qu'un enterrement...

Puis maints quolibets à toutes les adresses.

Génie... ah! si Génie n'avait pensé à un autre sacrement, aurait-elle renversé l'encrier en signant l'acte de baptême de cet innocent?

Par cette cérémonie on rentrait donc à pleines voiles dans l'histoire des amours.

Car, il est bon que vous le sachiez, ce garçon si habile à découvrir la trace de l'enfant prodigue, si éloquent à lui persuader le retour au giron maternel; ce parrain triomphant, ce vainqueur qui tenait sa conquête d'une façon si arrogante et si résolue, ce galant si empressé, si pressant même, n'était autre que Dominique le menuisier, le rival de Francis, attiré par Adeline, accepté jadis par Marie-Reine, puis éloigné sur cette demande en mariage de Francis dont les suites ou plutôt la non-suite inconcevable brouilla tout, tant avec l'un qu'avec l'autre.

L'accepter pour compère; revenir avec lui,

était en cette conjoncture, un pas bien décisif de la part de Génie.

L'ignorait-elle? s'était-elle laissé enlacer de ce filet par innocence?

Non : tout le monde sait, à Laméville, qu'en général un compère de cet âge ne tarde guère à devenir un mari.

Comprenait elle l'importance, surtout l'apparence de la chose, et était-elle bien aise de punir, un instant, par les tortures de la jalousie, l'indécis, le tiède amant auquel elle avait donné son cœur?

En ce cas, quelle imprudence ! et qu'il était dangereux d'encourager, sans vouloir la satisfaire, l'espérance d'un homme aussi présomptueux, aussi hardi !

Mieux encore : était-elle femme à ce point de laisser le dépit chasser l'amour, et de se venger en vérité en donnant à un autre ce cœur dédaigné?

A cela que dire, puisque Francis méritait son

10.

sort? Génie le quittait pour un autre; Génie était femme, voilà tout. Mais Génie ne semblait pas faite de la même pâte que les autres femmes...

Obéissait-elle simplement avec la soumission passive de son caractère doux jusqu'à la faiblesse, accoutumé à plier sous la forte volonté de sa mère?... Govin, le vieux soldat amoureux de la liberté, ne put supporter cette supposition. Toute tyrannie le révoltait.

Mais d'abord il voulut voir si ce baptême serait suivi d'un autre sacrement. Il se mit en quête de tous les bruits.

On ne tarda pas à dire tout haut, cette fois, d'une manière positive, que Génie allait épouser le menuisier. Les femmes allaient et venaient de la maison Parisot à la ville pour acheter des colifichets; on apprêtait déjà les robes et les chambres pour la noce; on visitait les grands parents.

Enfin, je sus que Marie-Reine avait fait lever l'acte de naissance de sa fille, et que Dominique était allé dans son pays pour chercher ses papiers.

Tout le monde disait, pensant à l'autre amoureux :

— Elle a raison ! — Elles ont raison !

Moi, comme les autres ; mais tout bas en moi-même, pensant à Génie, je ne pouvais m'empêcher d'ajouter :

— Mon Dieu, qu'elle était pâle, le jour du baptême ! Comme elle tremblait en plongeant sa plume dans cette liqueur noire, qui, prise à contre-cœur, devient souvent un poison mortel... quoiqu'on n'en prenne guère au bout de la plume pour mettre son nom au bas de la page, arrêt de son destin futur !... Et ce Dominique... qui la tenait à son bras d'une manière oppressive en allant à l'église !... Non, vraiment, il ne la menait pas bellement, avec galanterie, mais il la serrait comme une proie qu'on a peur qui n'échappe. Veut-il donc s'imposer ?... Quel grand émoi aussi, quel serrement de gorge, quand j'ai dit à

Génie : « Tu as bien fait ! celui-là, c'est un garçon d'esprit !... » La rougeur... passe : toute jeune fille rougit à propos d'un amant, quel qu'il soit.

Mais la suffocation, les larmes près de jaillir... comment expliquer cela ?... Elle le hait donc ? Quoi, elle le hait, elle le craint, et elle l'épouse ! Eh ! non, c'est l'autre qu'elle hait ; l'autre dont je lui rappelais l'indigne conduite par ce mot : « *Celui-ci* est un garçon d'esprit... »

Je m'y perdais.

De toutes manières, il y avait certainement là-dessous un secret, un petit drame caché, impénétrable à jamais pour les yeux de la foule, et que le vieux Govin seul pouvait approfondir.

XII

Un soir, qui ne tarda guère, je me dis : « Tu n'as plus si mal à la jambe que tu ne puisses qu'allumer des cierges. Va dans les champs faire ton ancien métier ! »

Et je m'en allai... tout droit au verger des amours, là où ils s'étaient dit : « Je t'aime! » où le vieux Govin avait répété : « J'ai aimé! » comme un écho un peu disloqué par le temps. Il allait, aussi pressé, aussi curieux, que si c'eût été pour lui-même, essayer de sonder ce mystère le plus mystérieux de tous : un cœur de jeune fille...

Le hasard le servit. Celle dont les yeux bleus réveillaient sa jeunesse, allait précisément rentrer par là chez sa mère... Il s'était avancé dans l'ombre, le long de la haie. Au moment où elle passait, ouvrant le landrage, il la prit par la main pour la tirer en arrière.

Oh! Govin! oh! vieux fou!...

Alors trente années tombèrent de dessus ta tête grise; et tu n'eus plus, pour un moment, un éclair... une étincelle... ni rhumatisme, ni béquille, ni les glaces du temps amoncelées sur ton passé : car cette main se fondit dans la tienne, tout heureuse et tremblante... ce corps svelte frissonnant d'une douce angoisse se détourna sans avoir le courage de fuir... ces beaux yeux évitèrent ta vue... cette voix tendre qui tâchait de mentir et que le cœur étouffait, dit :

— Laisse-moi, pour l'amour de Dieu ! tu sais bien que je ne veux plus t'aimer !

— Hé, ma mignonne, s'écria le vieux fou dans sa folie, que n'en sommes-nous là, et que ne m'as-tu aimé, si peu que ce soit !

Heureusement elle ne comprenait pas.

— Vous, père Govin ! s'écria-t-elle sans trouver que cela valait la peine de retirer sa main.

— Moi, ma fille, dis-je encore ému, mais revenant à la raison ; moi qui sais ton secret, et qui te connais à présent... Mais rassure-toi : c'est peut-être bon que je le sache ; car les meilleurs d'entre nous sont bien faibles quand ils sont tout seuls contre leurs passions.

Les femmes sont hypocrites, même les meilleures.

Elle répondit d'abord d'un air naïf :

— Quel secret, père Govin ?

— Tu aimes toujours Francis…

— Chut ! fit-elle comme effrayée.

— Il n'y a personne ici que nous deux, et je lis dans ton cœur par le souvenir d'un autre cœur de jeune fille qui était, comme le tien, encore plus tendre et plus profond que fier et sensible aux blessures de l'ingratitude…

— Taisez-vous ! dit-elle ;

Et j'entendis le sentiment frouer dans son sein, et sa volonté lui dire plus fort qu'à moi : « Taisez-vous ! »

— Quand ma mère était seule et désolée, sans nouvelles de moi, poursuivit-elle avec volubilité, ce n'est pas Francis qui est venu à son aide ; quand elle dépérissait malgré les drogues des médecins et l'eau de la fontaine de Saint-Lambert, ce n'est pas Francis qui a fait le miracle de la guérir ; quand elle criait, dans l'angoisse : « Ah ! celui-ci qui irait chercher ma fille et la ramènerait au pays, je lui donnerais tout ce qu'il me demanderait ! » Ce n'est encore pas Francis qui a été chercher la fille à sa mère, et la lui a demandée pour récompense... c'est Dominique !...

— Alors tu aimes Dominique ? Tu méprises ce lâche qui n'a jamais mérité ton amour, qui ne t'a jamais aimée ?...

— Oh ! non, Govin ; ne dites pas cela ! s'écriat-elle.

Elle se mit à défendre ces chères années d'amour dont elle avait toujours la mémoire pleine, sans songer qu'elle achevait de se trahir.

Moi, je repris en lui reppelant les incertitudes, les lâchetés de Francis, couronnées par ce dernier manque de résolution et d'intelligence ; et, une fois sur ce sujet, elle en eut plus long à dire que moi. Elle pencha, sans lutter davantage contre elle-même, la tête sur mon épaule, et, comme un jeune lis plié par le vent verse sa rosée dans le cœur d'un vieux souci, elle me confia toutes ses douleurs ; d'où vient que j'ai su de si grands détails sur les choses que je n'avais pu voir de mes yeux, ni entendre de mes oreilles.

Elle ne voulait pas accuser Francis, mais je compris tout — et lui-même qui ne se comprenait pas : terrible espèce d'homme, sachant bien désirer le bonheur, mais ne pouvant le vouloir ; chêne que le moindre souffle fait pencher à droite, à gauche, comme un roseau !... au moins personne ne s'appuie sur le roseau.

Elle n'osait plus s'appuyer sur lui, mais elle croyait encore à son amour.

— Père Govin, disait-elle dans son langage naïf : ce n'est pas sa faute, allez ! Il y a quelque chose de plus fort que lui ; moi, je le sens bien aussi, et je me suis dit souvent dans ce temps-là : si seulement nous pouvions nous prendre ou nous laisser ! mais non... Il y a quelque chose qui fait que nous ne pouvons nous épouser, et quelque chose aussi qui fait que nous ne pouvons nous quitter.

C'était là une complication bien triste aux tristes amours de Génie; car la maison de Francis était voisine de celle de sa mère; et leur amour, à ces enfants, était mêlé à tout ce qui les entourait, leur habitude de plus de six ans! Il y en avait un peu partout: dans les pommiers du verger, dans le gazouillement du ruisseau, dans l'air qu'ils respiraient, sous ce soleil de Laméville loin duquel Génie n'avait pu vivre...

— O ma fille, lui dis-je après avoir pensé un moment, je ne puis te blâmer d'avoir aimé trop profondément pour que de petits mécomptes, de petites rancunes, de grandes déceptions même t'aient déjà guérie. Assez de gens ont le cœur si mince que la moindre chose arrive tout de suite au fond... Non, je ne te blâme pas; mais je te plains.

A ces mots, je ne pus m'empêcher de serrer la main qu'elle avait laissée dans la mienne, cette pauvre main de chaste jeune fille harcelée par un perfide amour.

— Si tu savais ce que tu me rappelles... m'écriai-je. Mais parlons de toi. Déjà j'avais deviné le péril, la dernière fois que j'ai vu Francis à la fenêtre du cabinet. Dès lors qu'il venait là au lieu d'entrer par la porte de la maison, je compris que ce n'étaient plus des intentions loyales qui l'amenaient. Heureusement l'instinct te dit ce que me disait l'expérience. Tu fis ce que font les filles prudentes : tu fuis le péril, ne te sentant point la force de le combattre. Tu préféras briser ton cœur d'autre manière... quitter ta mère en secret, pour la revoir un jour sans mériter ses reproches, quitter ton village, parce qu'il était plein de lui ; quitter les souvenirs, parce qu'ils t'enivraient... Mais avant que tout cela eût perdu son danger ; avant que le temps eût fait son œuvre, quand tu étais encore faible au fond de toi-même, quoique forte au-dehors et par ta volonté, un autre devoir t'a rappelée. Tu t'es oubliée toi-même au nom de ta mère malade de ton absence... tu t'es oubliée... sans avoir oublié. Hé-

las ! quelqu'un qui ne mérite pas ton souvenir.
Tu es revenue au village où ta jeunesse est ré-
pandue autour de toi comme une fièvre ardente
que tu respires bon gré, malgré ; tu es là comme
un soldat désarmé et sans cesse assailli, mais
comme un soldat à son poste qui meurt volontiers pour l'honneur ; comme une sœur de charité
qui vit dans son malade, et dit : Qu'importe de
moi !... C'est beau, Génie ; beau et délicat comme
une belle jeune fille, mais tout ce qui est délicat
est si fragile !... Oh ! je te l'ai dit... mais, vois-tu,
moi... je n'ose pas trop conter, parce que je suis
un vieux pêcheur... je te l'ai dit, Génie, je te l'ai
déjà dit... j'ai connu quelqu'un qui te ressemblait
plus encore de caractère que de taille ou de visage ; elle a eu le malheur d'aimer aussi un
homme... un mauvais sujet... un militaire... enfin un homme qui l'aimait certainement... oh!
oui, certainement il l'aimait ! mais il ne pouvait
pas l'épouser... peut-être aussi avait-il peur de
la lourde chaine d'hymen, comme Francis... ce

grand mot toujours l'épouvantait; il faut être sincère.

« Bref, il fut son fiancé sans devenir son mari. Et elle, quoique son cœur profond comme le tien, Génie, fût toujours à lui, elle écouta le dépit, les conseils, la fierté... elle se laissa marier à un autre... Et après, quand la sottise fut faite, et qu'on n'en pouvait sortir que par une plus grande...

» Je ne veux pas, Génie, que tu finisses comme elle! Non, car c'est un grand malheur!

Je me tus suffoqué par le souvenir que l'innocente Génie ravivait de plus en plus.

— Est-ce que c'était votre sœur, père Govin? me demanda timidement la jeune fille.

J'hésitai un moment. Pouvais-je lui dire la vérité!...

— Ma sœur?... Oui, répondis-je, c'était ma sœur. On l'appelait Amanda. Elle était douce et blanche comme une fleur d'amandier; et elle est morte toute souillée, comme une pauvre fleur

foulée aux pieds!... morte de honte et de chagrin!

Un silence bien morne succédait à ces mots.

— Père Govin, me dit doucement la fille de
Marie-Reine, ne pensez plus à cela. Allez! les
morts sont bien heureux!

—Sacrebleu! fis-je en tressaillant, car ainsi elle
me découvrait de plus en plus la plaie qu'elle
voulait cacher; défends-toi donc plutôt que de te
résigner en victime. Pourquoi brusquer le sentiment? Qu'est-ce qui presse? Laisse-toi le temps
de pleurer.

Mais j'eus beau dire. Le premier mouvement
de faiblesse passé, après cet épanchement involontaire de sa jeune âme et de mes vieux souvenirs, elle s'immola avec tout le courage de la
raison.

Le côté faible murmurait en vain : il t'aime
encore, ne l'abandonne pas! La mère parlait
avec la raison, et avec la mère la raison aussi
frappait à la porte du cœur.

A cause de cet homme sans courage ni pour la fidélité, ni pour la trahison, la mère n'avait-elle pas souffert presque jusqu'à en perdre l'esprit? Et après l'avoir si cruellement affligée, cette tendre mère, ne fallait-il pas la consoler? Ce qui console une mère, n'est-ce pas l'amour de l'enfant? Et l'amour de l'enfant, n'est-ce pas l'obéissance?

—Vous voyez bien, me dit Génie en concluant, que la mère avait promis sa fille à celui qui l'irait chercher, et que c'est Dominique qui y a été. Vous voyez bien que la fille doit tenir la parole de la mère!... et... ajouta-t-elle d'une voix plus basse, qu'il faut un homme dans la maison pour fermer la fenêtre du côté du verger!...

Elle épousait Dominique par une chaste épouvante et par pitié filiale...

—Je t'admire, ma fille, dis-je, mais j'ai toujours peur... Le devoir est lourd à porter quand on n'a que ça dans la vie, plus lourd que le sac du soldat : ça fait mal aux épaules, à l'endroit des bretelles, quand l'étape est longue... et elle est bien longue depuis vingt ans jusqu'à soixante ! Seras-tu assez forte, Génie ?

— Je tâcherai, père Govin, et vous m'encouragerez si vous voyez qu'il soit nécessaire : ça fait du bien aux faibles de leur montrer leur devoir.

Elle me rendit mon serrement de main.

— Commencez, dit-elle, conseillez-moi, puisque vous savez mon secret.

Après avoir réfléchi, le vieux soldat répondit à la jeune fille.

— Si jamais Francis se retrouve ici, à la place du père Govin, ne lui dis pas que tu ne veux plus l'aimer ; dis-lui que tu ne l'aimes plus, surtout tâche qu'il te croie ; presse le jour des noces... et Dieu te bénisse !...

XIII

On fait des noces superbes dans les villages, à présent, cossues, bien entendu, mais surtout grasses, abondantes.

Pauvres ou riches, n'importe, il faut qu'on fasse une noce à rouler sous la table. Les riches, c'est bien. Les pauvres, ce n'est pas si bien : faute de revenus, on mange le patrimoine des enfants précisément au moment de travailler à leur faire pousser les dents.

Dans mon temps on eût dit : ce n'est pas sage ! On se régalait, on s'endimanchait, à la vérité; mais on se régalait à moins de frais, et il en était de même de l'habillement, quoiqu'on le trouvât aussi beau et la chair aussi bonne.

Autre temps, autre mœurs. Grâce au progrès, parfois le Lorrain lui-même fait mentir le proverbe.

12.

Donc, trois ou quatre jours avant le grand jour qui doit être le plus beau jour de la vie, le futur vient, dès le matin, trouver sa bonne amie pour l'aider à plumer les poules, les oies, les dindes qui seront mises au four, faute de broche assez grande pour transpercer tout cela. Puis arrive la cuisinière de la ville ou du bourg voisin : une fricoteuse à trois chevrons, qui se retrousse aussitôt les manches, et se met à brasser des brioches autant que la famille empressée peut lui apporter de farine, d'œufs, de beurre...

Elles sont grasses, les brioches de nos villages; je vous réponds qu'aucun pâtissier ne les fait aussi bien. Chevreuils, lièvres, poissons garnis de toute espèce de sauces distinguées viennent aussi témoigner en quel siècle nous vivons.

O bienfait des révolutions ! ô lumières ! que vous apparaissez-là sous un jour aimable ! et que le ci-devant vilain armé de sa fourchette y nargue vaillamment le préjugé !

J'ai lu qu'autrefois le gibier était un mets de

seigneur auquel les gens comme nous ne pou-
vaient toucher sans risquer d'être pendus. A présent on ne risque plus qu'un procès-verbal, quand
on prend le gibier au lacet. Celui qu'on mangea
à la noce de Génie était le présent d'un marquis
du voisinage qu'on avait invité ainsi que son domestique.

Marie-Reine, surtout Adeline, avait voulu qu'on
fît les choses grandement.

Faut-il entrer dans les détails ?

Dès le point du jour, deux ménétriers étaient à
la porte ; des coups de fusil, des coups de pisto-
let faisaient la basse à leurs chants joyeux. Des
livrées flottaient à toutes les ceintures, à toutes
les boutonnières. On mangeait dans toutes les
chambres, les cabinets, les greniers : du haut en
bas de la maison, suivant la vieille chanson :

> C'sont les enfants de Sténa
> Boutez leu-zy la taule :
> La taul' touci, la taul' toulà,
> La taule en haut, la taule en ba,
> Et toujours la taule !

Marie-Reine parlait de son gendre avec engouement à l'oreille de tout le monde; et Adeline disait :

— Quand on fait un bon mariage, on ne regarde pas à la dépense!

Elle disait cela par suite de son système d'émulation, et pour qu'on crût que sa sœur avait refusé Francis pour un plus riche parti.

Génie avait une robe blanche, des fleurs sur ses bandeaux blonds, et un beau livre à coins argentés. . . . .

. . . .

Après dîner, elle se promena au bras de Dominique, allant de maison en maison, montrant sa robe blanche et sa couronne d'oranger; le soir, on dansa. La salle était comble; tout le monde était joyeux... Voilà.

Mais Govin ajoute :

A l'église, la pieuse Génie, les yeux baissés sur son beau livre, n'en tourna pas une fois le feuillet. Dans sa promenade au bras de Dominique, le bouquet d'oranger tremblait à son corsage, quand celui-ci, triomphant et faisant briller son esprit, parlait d'entreprendre de nouveaux voyages, et riait en répondant à Génie qui disait : Vous m'avez promis de ne jamais quitter ma mère ! Cela a-t-il été écrit au contrat?... puis il riait d'une certaine manière qui ressemblait au jeu du chat avec sa souris; quoiqu'aussitôt il ajoutât : Je plaisante, tu seras toujours la maîtresse !

Et, le soir, dans cette salle comble où tout le monde était joyeux, elle avait le même visage que le matin, à l'église, en regardant son beau livre qu'elle ne voyait pas.

Elle dansait en souriant comme on doit sourire quand on a des fleurs sur la tête, et que le public vous observe. Quant à Francis...

Il m'a semblé le voir tourner autour de l'église le matin ; et, le soir, on m'a dit que, pendant que Dominique était allé fumer un cigare ; il était entré dans la salle comble où Génie dansait avec son sourire éternel et sa lourde couronne.

Pourquoi ?

Eh ! parce qu'il avait été invité à la noce avec toute la jeunesse du village ; parce que le qu'en-dira-t-on lui faisait un devoir de ne pas refuser tout à fait... Ma foi ! que sais-je ?... parce qu'il ne pouvait ni y assister, ni se tenir tranquille.

Il arriva tenant d'une main une bouteille, de l'autre deux verres. Il s'avança fort grave, et plus triste qu'il n'eût voulu le paraître, jusqu'auprès de la mariée, et lui dit de sa belle grosse voix qui résonnait comme le tambour qu'on a voilé d'un crêpe :

— Génie, j'ai été ton *saudé* pendant cinq ans, et je suis ton cousin, trinque avec moi, je t'en prie, en signe d'amitié... et de pardon !

Quoique ce dernier mot eût été prononcé bien bas, ce fut celui auquel la jeune fille ré-pondit.

— Je n'ai rien à te pardonner, dit-elle en repous-sant fièrement de la main les verres et l'amitié.

Elle avait eu le courage de suivre mon conseil :

et Francis crut de bonne foi qu'elle avait tout oublié.

Mais entre le passé et l'avenir il y a un grand pas qui ne saurait se faire si vite. Quant à moi, malgré les deux violons qui conduisirent les mariés à l'église, cette cérémonie me fit l'effet d'un enterrement; et précisément peut-être à cause des violons, il me parut plus triste que les autres. Au moins aux enterrements ordinaires on pleure tranquillement en enterrant son mort; tandis que Génie était forcée de sourire et de danser, quoique au fond du cœur... Dites-moi qui peut enterrer sans deuil ses premières amours? Quelque doive être l'avenir, et si l'on avait mal choisi, qu'importe! il faut pleurer pourtant ce qu'on perd avec elles. Ce n'est pas un homme, une femme : eût-il la taille d'un tambour-major, fût-elle blonde et tendre comme ma chère Amanda, un homme se retrouve; une femme... il y en a tant de jolies!

Ce qu'on ne retrouve pas, ce qu'il faut pleurer,

ce sont ces petites bêtises, ces petites joies, ces petites larmes, ces petits commencements de tout et de nous-mêmes qui sont si printaniers, si parfumés de jeunesse qu'on les pourrait appeler nos roses de mai ; c'est la vapeur bleue, le duvet de la prune, le duvet du menton ; c'est le sucre et le miel de la vie ; c'est la tasse de lait frais qui semblait si douce avant qu'on ne se fût bronzé le palais...

Tu t'en souviens du sucre, vieux grognard?... mais... manges-en donc à présent...

XIV

Par un singulier hasard, le jour même de la noce quelqu'un mourut dans la paroisse.

En sortant de l'église, après avoir éteint les cierges et remis tout à sa place à la sacristie, je vis, comme je passais par le cimetière, la Noiraude creusant une fosse.

Cela me fit mal ; d'autant plus qu'elle me regarda d'un air goguenard en disant :

— Viens donc, vieux rat d'église, nous danserons nous deux, pendant que la cloche chante comme une femme soûle. Est-ce que les croquemorts ne font pas la noce ? As-tu de la brioche bénite dans ta poche ? As-tu des dragées ?

Ignoble créature ! son propos m'indigna : car je me doutais de la part qu'elle avait pu prendre à toute cette affaire.

— Tu peux bien danser, dis-je en m'avançant près d'elle, et je croisai mes bras pour la regarder en lui parlant, tu peux bien danser à la noce de Génie comme à l'enterrement de Parisot !

En prononçant ces paroles, je donnais à mon regard fixé sur elle une expression qui aurait dû la faire rentrer dans la fosse qu'elle creusait. Mais elle partit d'un éclat de rire, et me répondit en se campant sur le manche de sa pioche :

— Bah! tu m'as vue danser à l'enterrement de Jean Parisot? A quel moment donc, mon ami?

— Je t'ai vue, la veille, danser auprès de la haie, si danser veut dire que l'on est joyeux, danser comme les vers dansent là-dessous... danser et rire en emportant les dépouilles du mort.

— Ah! ah! tu étais là, vieux passe-partout, l'œil à la vitre, l'oreille à la serrure, selon ton habitude? Tu as entendu la scène?

— Ce que je n'ai pas bien entendu, je l'ai deviné : il y avait sur le lit d'agonie un homme dans la force de l'âge, regrettant la vie, voyant venir la mort; un homme injuste et aveugle, parce qu'il était désespéré, parce que mourir si jeune lui semblait impossible sans une cause... un homme autrefois léger, insouciant, dissipateur, qui se souvint du travail comme d'un ennemi, et maudit le sévère exemple que lui avait donné sa femme, économe et laborieuse... un homme qui repoussa la main qui le soignait, et accusa de sa mort la femme qui lui aurait donné volontiers la moitié de sa vie...

— Tu as raison, interrompit en ricanant toujours la Noiraude, tu n'as pas vu bien clair ni entendu bien juste.

— Si! car je sais encore qu'il y avait auprès du lit une femme qui recueillait dans son cœur méchant le délire de la fièvre et le désespoir de l'agonie, pour s'en faire une arme contre la veuve, et qui « plus tard » lui disait, au milieu des larmes de son veuvage: « Tu as tué ton mari!... je le sais... donne pour que je me taise! » et, un jour, se vanta de pouvoir chasser les galants d'autour de la fille avec un seul mot...

— Parfaitement, mon vieux! Tu n'ignores rien, pas même la petite farce de la Saint-Lambert. Tu vaux de l'or!... Mais tu vois bien que je ne suis pas si noire que tu me fais méchante: je n'ai pas chassé tous les galants, quoique cet imbécile de Francis soit parti, puisque Dominique épouse la petite. A propos: Dominique!... dis donc?... ta bonne mémoire est en faute!... Qu'est-ce que c'est que Dominique?

Je passai la main sur mon visage.

— Un homme de plus de cœur que Francis, et par conséquent meilleur ; un bon ouvrier, il en a la réputation ; un homme intelligent ; un garçon rangé ; un amant attiré par Adeline ; qui a su distinguer la meilleure, qui l'aime, et du moins la rendra heureuse par la suite...

— Tu n'y es pas du tout pour le coup, Govin. Comment? Tu n'as jamais vu cette figure-là ailleurs qu'à Laméville?

Effectivement, déjà le jour du baptême, un souvenir m'était venu à l'aspect du menuisier ; mais comme il n'était pas clair et me déplaisait, je répondis :

— Ma foi, non.

— Ce garçon qui avait une toque de velours sur l'oreille, un air insolent... qui vint me chercher querelle, puis vida ses poches sur ma table, et finit par y mettre sa montre d'argent?

A peine eût-elle dit ces mots, qu'un trait de lumière me montra l'aventure entière sous un jour nouveau ; je pensais bien que ses bavardages avaient pu nuire à Génie, mais j'étais loin d'avoir deviné toute la vérité.

— Quoi ! m'écriai-je, c'est ce mauvais sujet, ce voyou à qui tu as joué des filles ?... C'est de lui que Génie est la pauvre femme aujourd'hui ?... Et il l'a épousée parce qu'il te l'a gagnée, parce que tu la lui as vendue ?

J'étais confondu.

— Mais ce n'est pas possible ! Une mauvaise, une sale plaisanterie ne dure pas six années, n'a n'a pas de telles suites !

Elle riait à se tenir des deux poings les côtés.

— Hein ! quel tour ! reprit-elle. Je ne m'étonne pas que les bras t'en tombent. Tiens, ramasse donc ta béquille, et remets-toi les esprits. Non, ma foi, ce ne pouvait guère être sérieux dès ce jour-là. Voici la chose : quand Dominique eut perdu son argent, sa chaine et sa montre, sans gagner la fille, il me mit le poing sous le nez. Alors je lui dis : Sois tranquille, retourne au village ; puisque la chance est contre toi, je te servirai par amitié, et tu verras plus tard ce qui arrivera.

« Il arriva que le soir même, ivre de vin et de sa folle rage, il se fit chasser par Gilardot, il travaillait ici chez Gilardot, et qu'il partit, le lendemain, avec d'autres compagnons menuisiers pour faire son tour de France.

» On apprend et on se forme en voyageant. C'est grâce à cela que le voyou avait mis sur ses vices une belle et honnête apparence qui émerveilla les gens de son village, lorsqu'il revint ; et fit bien mieux encore ici où l'on ne le connaissait pas.

» Mais pour le fond... ce qu'il y a de sûr, c'est qu'il avait gardé la mauvaise habitude de mettre aux gens le poing sous le nez. A peine était-il engagé de nouveau pour une année chez notre vieux menuisier, que je le vis arriver, un soir, à minuit, comme je ne pensais pas plus à lui qu'au jugement dernier, ses joues, d'ordinaire

déjà pâles et creuses, allongées par la colère,
et toujours sa toque noire au grand gland brim-
bolant sur l'oreille, et son air insolent... Monsieur sortait de la maison de Marie-Reine où il
avait revu les saudés de la Saint-Lambert. Et
voilà mon jaloux qui m'appelle voleuse, men-
teuse; redemande son argent, ses trois sous rongés de vért-de-gris ! sa montre dont la boîte ne
valait pas six francs, et me menace de la po-
lice...

— Et pour éviter une querelle qui pouvait
faire découvrir à la fin de pires espiégleries, tu
as achevé ce que tu avais commencé par pur
bavardage : tu as effrayé un caractère faible;
aidé un fourbe à tromper; livré la pauvre innocente au malheur qui sans doute l'attend !

— Incapable, mon brave homme ! Mais la Providence est juste : Dominique sera puni par où
il a péché. Puisqu'il l'a voulu, il vivra dans le
petit enfer où Jean Parisot a été tué à coups d'é-
pingle par l'avarice de sa femme; et il en aura

trois, lui, pour dompter son humeur sauvage : sa femme, sa belle-mère et sa belle-sœur ! car Marie-Reine va marier sa seconde fille avec le bossu qui fait bâtir une maison ; et, en attendant que la maison soit prête, ils demeureront ensemble.

. . . .

X

Je ne revis guère Génie avant le mariage de sa sœur.

Une fois, cependant, j'entendis sa mère qui lui disait, en échardonnant les blés :

— Il y a dans tous les ménages une chose essentielle à laquelle il faut que tu penses avant tout, car elle se décide la première année. Si elle se décide pour toi, c'est bien ; si elle se décide contre toi, tu es perdue! Il s'agit de savoir si l'homme ira ou non au cabaret. S'il y va, il faut que la femme aille le chercher, sans y manquer une seule fois, et coûte que coûte, le ramène au logis. J'en connais une que son ivrogne de mari traînait par les cheveux avant d'y rentrer. Que fit-elle?... Elle les coupa et demeura la maîtresse. Voilà une femme! Tu entends, Génie : voilà ce qu'il faut.

— Je le ferai! répondit la blonde Génie qui crut sentir à son épaule une des bretelles du devoir.

Après cela, sa mère lui dit encore :

— Nous avons terriblement dépensé pour ta noce, et voici bientôt même désolation d'armoires et de greniers pour celle de notre Adeline. Il faut regagner, le long de l'année, ce que l'on aura perdu ces jours-là, gaspillé, follement perdu, et ainsi rattraper d'une main ce que l'autre a jeté par la fenêtre : d'une main qui travaille sans relâche et ne craigne pas de trop serrer les doigts.

Songes-y, Génie, quand je serai aux champs et que tu tailleras le lard.

On plaisanta un peu, dans le village, sur la tutelle où se mettait Dominique, voire même sur les vieilles amours de sa femme avec le voisin. On plaisanta d'abord par derrière ; puis au nez et à la barbe du gendre de Marie-Reine :

— Dominique, tu peux te vanter de dîner tous les jours avec ton maître !

— Dominique, il paraît que chez vous le maître *s'aboutonne* avec des épingles !

A cette plaisanterie répondit un geste semblable à celui dont on chasse les mouches importunes.

A la seconde, celle qui avait trait au voisinage, le geste fut si violent qu'une dent, dit-on, en fut brisée.

Évidemment ce n'était pas un agneau que Marie-Reine avait fait entrer dans la maison de défunt Parisot.

Un soir, je vis Génie l'attendre fort tard sur la

route; et on prétendit qu'il n'était revenu que le lendemain, après avoir dissipé l'argent qu'il avait dû toucher à la ville pour prix de meubles qu'il y avait conduits.

J'en fus si inquiet, si marri, que je ne pus m'empêcher de demander à Génie, en vieil ami, la première fois que je la rencontrai, ce qu'il en était. Mais elle me répondit du ton glacial et digne de sa mère : que ce n'était pas vrai. Et Marie-Reine continuait de leur louer son gendre.

On ne pouvait rien savoir de ce qui se passait dans cette maison où Marie-Reine avait rassemblé imprudemment, selon moi, sur le terrain étroit et dangereux d'un ménage commun, bien des éléments de discorde, en y faisant vivre tant de gens ensemble avec leurs passions et leurs intérêts divers et opposés.

Le sacrement y avait mis un sceau solennel jusque sur les pensées. Rien n'en sortait en liberté... pas un petit cancan, pas une chanson, ni l'expression de la peine, ni celle du bonheur... rien que la fumée sur les toits.

Je sais bien que la fumée a aussi son langage et sa physionomie.

La fumée épaisse et droite qui montait de l'autel d'Abel, était celle d'un sacrifice agréable au seigneur ; la fumée orageuse et tourmentée de son frère était l'emblême de son mauvais cœur.

La grosse fumée du riche donne des idées de prospérité ; la petite fumée légère qui s'élève en flocons azurins des basses cheminées où tout le bien-être de la vie doit être autour du feu près duquel on se repose un moment, est l'image du sel sur le pain bis de ce monde-là. Ils peuvent être heureux à ce petit foyer flambant modestement... On se désaltère bien à boire de l'eau fraîche, et la plus petite cuisine peut suffire aux besoins de l'estomac, quand le cœur est content.

— Mais est-ce bien là le cas? me disais-je, en regardant la modeste fumée du toit de Marie-Reine ; et n'est-ce pas, au contraire, pauvreté de tout, manque de bien-être, et misère de l'âme que cela signifie?...

L'écriture était diablement difficile à lire; et j'avais beau regarder, elle ne m'apprit rien que ce que je savais déjà, quand elle sortit, un jour, grosse, grasse, noire, épaisse, comme celle d'un colonel, d'un notaire ou d'un banquier. C'était le jour de la noce d'Adeline, le jour du second festin. J'étais invité. Je cherchai Génie parmi les gens de la fête, et ce fut à grand'peine que je la découvris : elle était la dernière de la procession joyeuse, parmi les vieilles femmes qui ont l'air d'être les servantes de leurs filles.

Quand on se mit à table, elle balayait le devant de la porte que le beau monde avait sali en entrant. Elle ne vint qu'à la fin manger un morceau à la hâte.

Cela ne m'étonna pas beaucoup, parce qu'il faut bien que quelqu'un soigne le ménage, et que, le jour où il est plus gros qu'à l'ordinaire, la mère ne suffit pas.

Mais, le soir, quand toute la besogne fut faite, Génie prit encore moins de part au bal qu'au dîner.

Elle s'assit dans un coin de la salle, le coude droit dans sa main gauche, le menton entre ses deux doigts, et regarda les jeunes gens. Elle avait l'air d'une statue : elle était aussi roide, aussi froide, aussi immobile... Mais que représentait-elle?... Sa figure n'était ni triste, ni joyeuse, ni pensive, ni occupée, ni distraite.

Je m'assis près d'elle en lui disant à l'oreille :

— Mauvais signe, quand on n'aime plus la danse?...

Elle quitta vivement son attitude, rougit, se mit à sourire, à remuer les yeux, et répondit :

— Pourquoi me dites-vous cela, père Govin? Est-ce que je n'aime plus la danse?... J'aime beaucoup la danse; je suis très-contente; je m'amuse beaucoup !

— Tu t'amuses à regarder les autres? Mais ce

n'est pas ce que l'on fait à ton âge. Pourquoi ne danses-tu pas?

— Pourquoi?... Oh! mon Dieu... Voulez-vous me faire danser? ajouta-t-elle en regardant malignement ma béquille.

— Tu ne me feras pas croire que tu manques de danseurs. Je viens de te voir en renvoyer deux...

— Ah! je suis un peu fatiguée... j'ai beaucoup travaillé cette semaine...

— Travaillé à l'aiguille... et c'est cela qui t'empêche de danser?

— Non : j'ai scié des planches.

Elle représentait l'abnégation conjugale, la pauvre statue qui n'exprimait rien, habillée de mensonge du pied à la tête, comme il convient à une femme vertueuse qu'hymen a couronnée d'épines.

Scié des planches!... Il y avait donc un tyran, un esclave, une victime dans ce petit enfer que m'avait prédit la sorcière; et cette victime était encore Génie!

Pourquoi sciait-elle des planches, si son mari n'était pas un paresseux, un prodigue; si, par ce travail qui ne devait pas être le sien, elle ne cherchait pas à réparer ses fautes, et, par cette complaisance exagérée, à fléchir ses ressentiments contre une mère peut-être trop impérieuse?

J'entrevis beaucoup de tisons fumants, mais clairement je ne vis rien. C'est à qui empêchera le jour de pénétrer dans ces enfers-là. Pour peu qu'on se respecte, quand on s'entre-déchire au dedans, on s'excuse au dehors; et le guet-apens du mariage a cela de particulier que le plus attrapé est toujours celui qui crie le moins au secours, jusqu'à ce que, parfois, la mesure étant comble, le jeu se retourne subit : les palliateurs deviennent accusateurs, voire calomniateurs; et le long silence se change en un tapage où chacun prend plaisir à divulguer les secrets les plus honteux.

Ce fut ce qui arriva dans la maison de Marie-Reine.

Ah! quel drame! quelle tragédie! quel esclandre!

J'en fus réveillé au beau milieu de la nuit. J'eus cela de commun avec monsieur le maire que Marie-Reine fit mettre sur pied.

XVI

Comme la lionne doit rugir au désert, quand les chasseurs lui ont arraché sa portée, ainsi cette mère énergique allait par le village, rugissant de douleur dans les ténèbres et le silence des rues vides de tout hormis sa grande voix... et encore une autre...

Oh! celle-là, je l'entendis la première, quoiqu'elle fît moins de bruit.

— Monsieur le maire, éveillez-vous, pour l'amour de Dieu! criait Marie-Reine plus fort que la trompette qui doit réveiller les morts.

— Monsieur le maire, vous avez une fille, ayez pitié de la mienne!... monsieur le maire, écoutez-moi!...

Et à la porte du vieux garde :

— Govin, lève-toi! Govin, comment peux-tu dormir!... Govin, n'es-tu pas garde champêtre? N'as-tu pas mission de veiller sur les champs et sur le village?... Govin, Govin, au nom de Dieu, fais ton devoir!...

Mais l'autre voix, la voix douce et plaintive, on n'entendait pas ses paroles; et pourtant c'était celle que j'écoutais. Tout cela me semblait un rêve, un cauchemar.

J'étais bien là, sur l'oreiller, à côté de ma vieille, la paupière close; je dormais; mais j'entendais en dormant ce grand soupir répandu dans les airs, et cette voix sans paroles me disait à moi tout au fond du cœur : Govin, je suis malheureuse! et je voyais... quoi?... une femme... morte il y a longtemps!...

J'étais pris à la gorge par un souvenir que j'aurais dû appeler un remords, mais, qui, jusque-là, avait encore été si doux! Ce mot seulement mit aux roses les véritables épines, celles qui vont à la conscience en passant par la moelle des os.

Il y a des choses qu'on ne comprend jamais qu'à moitié, à moins qu'on ne les ait sous les yeux: un désespoir de femme douce, tendre, infortunée... Oh! je le compris alors... Et quand l'autre voix, la voix terrible et furieuse eut fait parvenir jusqu'à mon entendement troublé ces paroles: au nom de Dieu, Govin, fais ton devoir! Je me dis: oui, c'est mon devoir d'être pitoyable et secourable à présent! et je ne fis qu'un saut de mon lit à mes habits que je passai en toute hâte.

En ouvrant la porte, il me sembla voir luire dans l'ombre les prunelles pâles de la veuve sous ses sourcils bandés comme un arc prêt à lancer des traits.

— Viens, me dit-elle d'une voix enrouée et brisée, mais basse, mystérieuse. Il me faut un témoin assermenté, un témoin irrécusable, solennel, comme Dieu l'est là-haut, des désordres de ce loup qui s'appelle mon gendre et du malheur de ce tendre agneau qui est ma fille.

Puis elle me prit par la manche, m'entraîna, me secouant le bras pour me forcer d'avancer plus vite, et gourmandant ma lenteur et mon indifférence... J'aurais eu des ailes qu'elle n'eût pas été satisfaite.

— Mère Parisot, lui dis-je, vous venez de me verser de l'huile bouillante dans le cœur et de la glace autour des os... Quoi ! Génie ?...

— Oui, me répondit-elle, car nous nous entendions à demi-mot, oui, Génie, cette bonne fille qui a tout sacrifié pour sa mère ; Génie, cette douce enfant de tant de cœur et d'âme, boit ses larmes tous les jours et mange la douleur comme le pain : elle est la femme d'un homme sans cœur !

— Ah !... je lui en ferai venir, moi ! m'écriai-je en cherchant à me dégager pour courir à mon vieux briquet.

— Il s'agit bien de cela ! reprit la mère; on donne du cœur au lâche en lui disant : défends ta peau ! mais lui... comment veux-tu lui donner le cœur qu'il faudrait?... le cœur qui fait qu'on travaille, qu'on est sobre et honnête? Et s'il y avait moyen, crois-tu que la mère de Génie ne lui en aurait pas donné depuis près d'un an qu'elle le tient, qu'elle le suit, qu'elle le prêche?... Ah! Govin, vois-tu, c'est une lutte acharnée entre lui et moi : il n'a pas pris un sou dans l'armoire, sans que je lui aie demandé pourquoi; car le pain que j'ai gagné à la peine de toute ma vie, c'est le pain de sa femme, le pain de son enfant... Je ne l'ai pas une fois gourmandé qu'il ne se soit débattu comme un loup qu'il est, comme un loup enchaîné dans sa chaine... Il a gaspillé

13

l'argent chaque jour davantage; il s'est moqué de mes remontrances; il m'a menacée... oui, il a été jusqu'à me menacer de mort!... il a levé la hache sur ma tête!...

— Et Génie? demandai-je, Génie a entendu cela! Génie a vu cela! Elle vivait au milieu de toutes ces violences, comme toujours, entre l'enclume et le marteau!

— Mais... nous verrons, poursuivait-elle sans m'écouter, lequel des deux périra! Je suis lasse de feindre et de tout supporter de peur qu'on ne sache... la sottise que nous avons faite. Bah! qu'on sache, qu'on dise, qu'on enfonce le couteau dans la plaie, mais qu'au moins je me venge!

— Et Génie? pauvre Génie qui était si fière, qui dissimulait même avec son vieil ami, est-ce qu'elle aussi, elle oublie, dans sa douleur, la malignité qui peut s'en réjouir et l'amitié plus dangereuse qui peut la plaindre? Est-ce donc sa voix que j'ai entendue?... Est-ce bien elle?

— Génie, reprit Marie-Reine sans précisément me répondre, Génie a vendu ses dentelles pour acheter un berceau, et personne ne travaille avec elle pour que l'innocent qui n'est pas encore au monde n'y vienne pas pour souffrir et mendier son pain. Non, non ! Le mauvais ouvrier, le mauvais mari ne saura pas même être père ! Depuis dimanche, il a laissé ses planches et ses rabots, parce que quelques-uns de ses compagnons du tour de France sont venus au village... Aujourd'hui, mardi, il se gorge encore de fainéantise, de vin, de débauche ! Je les ai poursuivis d'un cabaret à l'autre sans pouvoir les atteindre ; et quand le soir est venu, Dominique n'est point rentré dans la maison, pas rentré... même à minuit !... Où était-il, Govin, où était-il à l'heure où les braves gens dorment, où les honnêtes maisons sont fermées ?... Après avoir parcouru toutes les rues du village, j'ai trouvé cinq drôles attablés sur le comptoir de cet autre drôle, Justin, le marchand, le banqueroutier ! et, parmi eux,

Dominique, Dominique mon gendre avec la figure que doit avoir le diable quand il mange du
cervelas le vendredi saint!... Ils en mangeaient
du cervelas, du boudin, des saucisses, ces dé-
mons, ces monstres, ces gourmands! comme s'ils
n'avaient pas mangé depuis une semaine. Ils bu-
vaient à grande rasade, comme si le vin ne coûtait
pas plus que de l'eau... Et que crois-tu qu'ils ont
fait, quand ils ont vu ma figure sur la vitre?...
Ils ont soufflé la lampe!... Mais je sais ce que
j'ai vu... mais Justin est là... Nous verrons donc
s'il a le droit, lui qui n'est pas aubergiste, lui
qui n'est pas cabaretier, de vendre du vin à la
bouteille, de faire manger du cervelas sur son
comptoir, de recevoir les gens qu'ont chassés les
cabaretiers!...

— Ma bonne Marie-Reine, dis-je pour apaiser
cette fureur qui ne me paraissait propre qu'à em-
pirer le mal, croyez-vous que Justin aura rallumé
la lampe, et qu'il ne fera pas le sourd? Croyez-
vous que ses hôtes n'auront pas détalé dans l'obs-

curité?... Impossible de constater le délit et de
rédiger procès-verbal. D'ailleurs votre présence...
tant de bruit pour une ribote devant les amis qui
l'occasionnent...

— Que veux-tu dire?

— Que vous avez raison au fond; que le malheur de Génie me fend l'âme, mais...

J'avais de la peine à lui exprimer mon idée,
car Dieu sait si j'aurais de bon cœur, mis la main
sur le collet à ce drôle; et pourtant je sentais
que sa belle-mère avait encore intérêt à le ména-
ger. Donc, je dis ne sachant que dire :

— ... Mais, ma chère Marie-Reine, les femmes
sont des colombes qui ne nous semblent belles et
aimables qu'avec le rameau d'olivier, comme
celle de l'arche de Noé...

Elle m'interrompit par un bourrade dans l'estomac, et se précipita en avant sur la porte de
Justin qui, ainsi que je l'avais prévu, était plus
scrupuleusement fermée que celle d'aucun brave
homme du village.

Marie-Reine y brisa ses sabots, criant à réveiller les sourds.

— Marie-Reine, lui disais-je, songez plutôt à votre fille. Où est-elle, puisqu'elle n'est plus avec vous?

Mais elle me répondit que monsieur le maire était averti, qu'on trouverait des témoins; elle poussait des cris de rage, tordait ses bras comme une furie, et me montrait le poing...

De peur que ce ne fût-elle que je dusse, à la fin, arrêter pour tapage nocturne, je lui tournai le dos. Et d'ailleurs force m'était de porter mes pas en d'autres lieux; car, moi, j'entendais toujours me dire : tu ne savais pas ce que j'ai souffert! et je lui répondais : ô ma chère Amanda, je ne savais rien, pas même t'aimer! Mais à présent que la grande étape que l'on ne peut faire que sur l'aile sainte de l'éternité est entre nous deux, et que tu es revenue sur la terre pour réchauffer mes vieux jours, comme le soleil y vient par une clarté qui émane de lui sans qu'il descende du ciel ; à présent que tu as refleuri au bord de ma tombe pareillement à une petite graine tombée des jardins du paradis, je t'aime comme j'aurais dû t'aimer autrefois, je te plains, je veux te servir ! Et, ce disant, je cherchais la blonde Génie, vivant souvenir de ma chère Amanda.

Pauvre enfant ! tu ne portes donc plus haut la tête sous ta couronne d'épines ; tu succombes... Oui, si c'est toi qui pleures à haute voix, c'est que tu n'as plus de force ni de pensée ; car tu sais bien que tu ne peux pas pleurer comme les autres femmes qui ont du chagrin, parce que le moindre cri de la bouche est un appel ; tu sais bien que le passé n'est pas si vieux qu'il ne puisse se réveiller tout à coup comme Govin au milieu de la nuit... Mais si deux amours se réveillent pour te tendre les bras dans la nuit de tes infortunes, tâchons du moins que celui de Govin arrive le premier.

. Je me hâtais sans savoir où j'allais. Car où était-elle à présent, puisqu'elle n'était plus avec sa mère ; puisque sa voix s'était éteinte dans les airs comme le dernier soupir d'une morte ?

J'eus beau appliquer tous les sens doublés par l'usage en mon métier de garde à découvrir sa trace dans les rues du village ; écouter, la main autour de l'oreille ; plonger partout mon regard, épier le moindre mouvement ; je ne vis, je n'entendis rien qui pût me guider sûrement.

A tout hasard je me dirigeai vers la maison de Marie-Reine. Où chercher l'oiseau sinon dans son nid ?

Mais le nid, le pauvre nid était pareil à celui que les oiseaux ont fait au bord des rochers et qu'en ont arraché les vagues furieuses, à celui qu'ils ont bâti sur une branche battue par l'orage, quand l'orage a brisé la branche, que l'ouragan a déchiré le nid, dispersé les débris !...

Je trouvai la maison vide, les portes ouvertes. les chaises brisées, les tables renversées...

Pourtant des chansons, des grands éclats de

rire se faisaient entendre non loin; et la dévastation de la maison de la veuve était éclairée par une lueur rouge, fumeuse, capricieuse, inégale, infernale... Elle sortait, ainsi que les chansons et les rires, d'un appenti nouvellement construit pour faire une boutique au menuisier : une grande pièce sur la cheminée, encombrée de planches, de copeaux, sauf la poix et la résine, de tout ce qu'il faut pour allumer un incendie; et, au milieu, un grand feu dont les flammes se tordaient comme des serpents, tirant la langue autour d'elles.

La fumée s'amassait au-dessus en un gros nuage noir, cherchant vainement une issue.

L'ivrognerie, l'abrutissement et le sot orgueil grouillaient là dans ces ombres ténébreuses, dans ces horribles clartés.

Fi ! ai-je jamais eu cette figure... la figure de Dominique versant le vin d'un air de bravade à ses quatre compagnons accroupis ou couchés dans les cendres, grillant leurs viandes avec leurs

13.

mains, et bourrant bêtement le feu comme une pipe ?... C'est possible... possible qu'ils me montraient le miroir de mes folies passées ; mais, à ce moment-là, je ne vis qu'une brute infâme... Cette brute était chez elle ; elle pouvait impunément y braver sa belle-mère et la paix publique ; tant que les flammes et l'orgie ne sortaient point de cette enceinte, je n'avais pas le droit de crier : Haro ! C'eût été violer son domicile ! Non, je ne pouvais rien, même lorsqu'au milieu des viandes, des copeaux et du vin répandu, je distinguai des débris de vaisselle, des éclats de bouteille, toutes sortes de traces d'une lutte... jusqu'à des gouttes de sang... Je ne pouvais rien, quoique le mien se figeât dans mes veines, et qu'un pressentiment me dit : c'est celui de Génie !

Quand chassés de chez le marchand par l'apparition de Marie-Reine, ils étaient venus là achever leur festin, Génie voyant ces cosaques fondre sur la maison de sa mère, de sa mère qui était sortie pour la défendre, elle, la femme ou plutôt la victime de l'ivrogne, elle s'était dit : à présent, c'est mon tour ! défendons la mère et sa maison ! Et elle avait fait sur sa douceur le même effort qu'autrefois sur sa faiblesse, lorsqu'elle sciait des planches pour apaiser le menuisier, ou pour que sa mère ne vît pas qu'il n'avait point travaillé. Elle s'était précipitée au milieu des compagnons ivres, et bravement avait arraché aux mains de son mari la bouteille, c'est-à-dire le brandon fatal qui allumait cette folie et ce danger. Elle avait fait ces débris ; et lui, le malheureux ! excité par son sot orgueil, par le vin, par la présence de ses compagnons, il avait frappé Génie au visage, il avait rudoyé, chassé la jeune épouse qui venait à lui armée de deux puissances, puisqu'elle allait le rendre père !

Adeline m'expliqua cela, Adeline qui se tenait dehors pour surveiller les flammes, après avoir, en compagnie de son mari, vainement défendu les postes avancés, ainsi que le témoignaient les meubles renversés dans la maison de la veuve.

Les poings fermés, les bras au ciel, furieuse comme sa mère, elle se régalait de crier sur les toits les petitesses et les infamies que le vent très-actif de sa bonne langue avait certainement aidées à s'épanouir dans la serre-chaude de ce ménage infernal...

Qu'avais-je besoin d'en savoir les détails? Ils m'importunaient, ils m'échauffaient la bile.

— Pour Dieu, laissons cela, disais-je; oui, c'est un misérable, un gueux digne de tous les mépris; mais où le désespoir a-t-il pu conduire sa victime? où est Génie? où s'est-elle enfuie à cette heure de la nuit?... Ah! bien oui! elle criait à tue tête:

— Je le lui ai dit cent fois, à elle qui le soutenait comme elle avait soutenu l'autre: il n'y a pas de plus profond scélérat dans les bagnes! il périra sur l'échafaud!

Impossible de faire entrer dans sa colère le plus petit mouvement de pitié intelligente pour cette sœur qu'elle avait poussée à son malheur;

dont elle avait, depuis un an, aigri toutes les peines. Elle l'abandonnait maintenant à son désespoir.

Sa mère elle-même n'y pensait pas...

Oh! les passions humaines!... Qu'elles nous rendent aveugles et quelquefois cruels !

C'est ainsi qu'ils firent, ceux qui avaient poussé au dépit et au mariage la faible Amanda : lorsque, rejetant ce lien si lourd qu'elle avait saisi, croyant se sauver du déshonneur, un jour, elle s'enfuit tout enivrée, tout affolée de ses douleurs, ils l'ont laissée seule dans son égarement, dans sa détresse ! Ah ! si alors elle eût rencontré un ami sage et bienveillant, tel que le vieux Govin pourrait l'être aujourd'hui !... Mais loin de là, l'unique ami qu'elle eût au monde attendait avec impatience, avec avidité, comme eût pu faire un ennemi, cette heure fatale qui la lui livrait... et son régiment allait quitter Lille en Flandre...

En fuyant la maison de son mari, Amanda

abandonna les voies de l'honneur et sa ville na-
tale, pour n'y jamais revenir...

Ne laissons pas Génie seule avec son chagrin !

J'avais quitté sa sœur ; je m'étais éloigné de
cette maison où tout me révoltait, où rien ne
m'apprenait son sort.

Je passais devant les maisons voisines, observant toujours. Une d'elles avait sa porte entr'ouverte. C'était la maison de Francis. Je la poussai
du bout de mon bâton ; elle céda sans résistance.
On ne s'était point placé derrière simplement
pour écouter. On était sorti bien avant l'heure
du travail. Pas de doute : c'était Francis, Francis
qui, par une singularité de son caractère indécis
et pourtant fidèle, épiait depuis longtemps,
comme Govin, le moindre nuage à l'horizon de
ce foyer domestique auquel il était devenu volontairement étranger, et, à chaque soupçon de la
triste vérité, à chaque bruit fâcheux répandu
dans le village, soupirait : « Pauvre Génie ! elle
ne méritait pas cela !... »

Ce que je redoutais est arrivé : il a entendu avant moi l'esclandre fatal, les pleurs de Génie. Nous sommes deux à la chercher dans l'ombre...

A cette pensée, je retournai vers l'appentis illuminé, d'où sortaient toujours en chansons, en rires, la brutalité, la bravade.

— Ma foi, dis-je, tant pis pour toi, après tout: puisque tu échappes au garde champêtre... ça te servira de procès-verbal.

On a des moments comme ça.

Mais Amanda, ma chère Amanda me revint à l'esprit tout aussitôt.

Amanda — Génie, n'était-ce pas la même chose ? Toutes deux tendres natures, mais pauvres filles, eurent pour pain quotidien le travail et la peine, et l'amour pour seule joie : non cet amour banal dont on parle trop souvent et qui n'en vaut pas la peine, mais cet amour tout plein de dévouements et d'honnêtes délices; qui met, dans ces cœurs simples et parfaits, un peu de la céleste félicité.

Et toutes deux dirent, un jour, à la seule joie de leur vie : laisse-moi, de peur que tu ne deviennes une faute !

Elles embrassèrent le devoir et les sérieuses amours qui lui ressemblent : l'hymen, ce dieu quelquefois aimable, souvent maussade; le ménage, ce sanctuaire ou cet antre, car c'est si étroit qu'il faut que ce qui nous environne nous délecte ou nous dévore...

Dans ce petit séjour de bonheur ou d'angoisse, de vertu ou de tyrannie, où parfois règne la femme, où parfois elle s'immole, elles enfermèrent leur jeunesse; elles replièrent leur cœur, comme un oiseau replierait son aile, comme l'alouette : car leur cœur avait plané, comme elle, en chantant des chansons délicieuses, plané bien haut, bien haut dans un air printannier.

Et elles se sentirent comme un oiseau sans aile pour fendre l'air et sans air pour porter son aile.

Un jour elles ont vu la haine autour d'elles

au lieu de l'amour, des serpents au lieu de colombes, toutes les rudesses au lieu des douceurs de la vie, le deuil au lieu de la joie...

Alors Amanda s'est enfuie pour jamais de cet antre où régnaient les furies...

Toi, Génie, qu'as-tu fait? Où es-tu?

Hélas! hélas! les roses que l'amour mit au front d'Amanda pâlirent avec sa jeunesse, avec sa vie flétrie avant le temps: les roses de l'amour se changèrent en cyprès!...

Il me sembla que la chère trépassée me commandait d'aller dans les champs.

J'obéis.

Et quand j'y fus, il m'arriva ce qui m'arrive souvent...

Vous me croirez, si vous voulez, c'est la vérité, ma parole d'honneur!

Lorsque je suis seul, au milieu de la nuit, dans les champs où tout dort sur la terre et dans le ciel, hormis le feuillage qui frissonne et la lune qui monte dans l'azur sans fin, je sens toutes les

petites idées de la vie s'apaiser en moi, comme
tous ces bruissements perdus qui s'éteignent ; et
mon esprit s'éclaire comme le firmament, s'élève
aussi haut que les étoiles. Je me dis, dans ces moments-là :

L'amour est bien chaud, le plaisir, bien riant,
la haine bien cuisante, la vengeance bien fière ;
mais ce n'est pas cela qu'il faut chercher par-
dessus tout : non, non ; il y a quelque chose de
meilleur et de plus fort !

Cependant, cette nuit-là, mes idées revenaient
vite sur la terre. Un zèle plus ardent qu'à l'ordinaire me portait dans ces champs où mon regard
doit planer après celui de Dieu.

— Certainement, pensais-je Génie, est sortie du
village, puisque nulle part on n'entend plus sa
voix, on ne voit plus sa trace. Oui, c'est dans les
champs qu'il faut la chercher.

Quand tout ce qui nous entoure nous semble
hostile ou impuissant à nous consoler, c'est dans
les champs que nous fuyons.

C'est naturel; car on le dit en manière de proverbe en parlant de quelqu'un qui a perdu jusqu'à la raison : Il en est à courir les champs.

L'animal lui-même, saisi d'une vive douleur, court ainsi tout égaré sans savoir où.

Elle court donc dans les champs, sans autre boussole que ce grand trouble de cœur et d'esprit qui fait que, oppressé de tout au milieu des demeures des hommes, on se sauve loin de tout.

Allons, Govin, guette, épie!

Ce n'est pas facile... Tu connais bien les pàssées des maraudeurs ; mais, ici c'est une autre affaire.

Et qui peut deviner par où s'enfuit le malheur! .

De quel côté tourner ?

Voici la route de la ville.

Ceux que tu poursuis d'ordinaire n'auraient garde de la prendre à cette heure où la seule chose bien nette, au milieu des terres, est la route blanche. Un passant se voit là-dessus comme en plein jour.

Mais Génie, surtout si elle est seule encore, n'aura rien calculé. Une route invite les pas qui ne savent où se porter : on la suit machinalement. Elle aura peut-être couru sur la route dans l'idée confuse de quitter le pays.

Voyons :

Je me mis en campagne dans cette direction. Fouillant de l'œil, de l'oreille et du bâton, tous les alentours, au bout d'un quart d'heure, je n'avais constaté que l'absence certaine de tout être vivant, un silence complet, un calme profond. Si Génie eût marché dans cette voie, c'eût été à grands pas sur la terre battue, sur les pierres que le pied fait rouler avec bruit aux endroits où le chemin descend. Elle aurait pleuré sans doute encore, ne serait-ce que d'une voix étouffée...

Rien! pas un son dans ce silence de tombe; pas une ombre mouvante sur cette grande ligne blanche! Rien... que les arbres, que les buissons.

— Est-elle, comme Agar dans le désert, tombée la face sur la terre, immobile, épuisée?

Je fouillai plus scrupuleusement les côtés de la route. Je descendis vers la berge, je cherchai derrière les arbres, derrière les buissons...

Hélas! rien dans les champs ni au delà, rien derrière les arbres, rien derrière les buissons!

Non loin commençait la prairie.

En descendant à travers champs on en atteignait la clôture ouverte en cette saison.

J'allai vers la prairie.

J'avais vu souvent Génie s'y promener les dimanches seule ou avec Francis.

De ce côté il fallait explorer de près le terrain, car on pouvait y marcher sans être trahi par le bruit de ses pas; et c'était le fond du vallon toujours plus ombreux que le flanc des collines.

Le sentier mal tracé que j'avais pris se perdait bientôt lui-même dans l'herbe touffue.

Je fis comme je supposais qu'avait pu faire la fugitive : j'errai dans l'herbe au hasard.

Je savais que le moulin de C... n'était pas loin, quoique sur un autre finage. Génie était bien avec la meunière... Aurait-elle été lui demander l'hospitalité pour la nuit?...

Un moment je voulus accrocher une espérance à cette idée.

Je tâchai de bien m'orienter pour savoir juste à quelle hauteur gagner le vrai chemin derrière les oseraies... Puis je me dis : c'est encore une sottise! Si elle était allée, et Dieu sait qu'elle a bien eu le temps d'arriver! Bêtes et gens réveillés m'aideraient assez à découvrir sa place au diable de moulin. Les chiens aboiraient; on aurait allumé une chandelle, une lanterne... D'ailleurs c'eût été une résolution bien nette dans un esprit aussi troublé...

Rien, toujours rien.

J'allais et revenais comme un cheval aveugle qui marche, parce que c'est son métier, parce qu'il serait honteux de rester tranquille, mais qui ne sait où il va... quand un bruit plaintif me frappa.

— On dirait qu'on pleure dans cette région plus sombre où le terrain va baissant.

— Est-ce toi, Génie? m'écriai-je, obliquant à droite, attiré par la tristesse du lieu, sans réflexion, sans calcul, oubliant le moulin pour cette chimère.

On pleurait, en effet, par là; mais c'était la rivière qui sanglotait en embrassant le pied de chaque saule.

Elle pleurait dans le fond du vallon, et un léger brouillard élevé sur ses bords enveloppait de voiles à demi transparents tous ses alentours, défigurait leur forme et laissait l'œil en doute à chaque instant sur la nature de ce qu'il entrevoyait.

C'était comme un pays de visions.

Découragé de chercher en vain, fasciné par a voix plaintive de l'eau, je me mis à en suivre la rive, écoutant sa chanson lugubre, épiant, épiant toujours ce qui se mouvait dans ses brumes, ou tout à coup m'apparaissait au fond d'un des festons dont j'avais atteint le sommet. Que de fois je pressai le pas, le cœur tout palpitant! que de fois j'étendis la main... et la laissai tomber, et me remis à marcher lentement !

— Le voilà !... c'est lui !... Ses yeux plus perçants que les miens ont su la découvrir. Il l'attend... il l'appelle... elle approche... elle est tout près de lui !...

— Non ; c'est le tronc d'un saule, c'est une touffe de roseaux que le vent plie et relève.

— Que vois-je sur la rive ? Ciel ! c'est son fichu bleu... et là est le courant qui entraîne les nageurs... je l'entends gronder...

— Dieu soit loué ! c'est un champ de myosotis. Govin, tu ne poursuis que des fantômes : il n'y a rien non plus dans cette contrée ténébreuse... ; sinon le doux spectre d'Amanda qui gronde, qui pleure dans l'onde à tes pieds ; qui dit : tu m'as promis de réparer ta faute cette nuit, et tu me trompes encore une fois !

Hélas ! le reproche est juste. Celle que je poursuis m'échappe. Les saules, les roseaux, les buissons se moquent de moi, ils s'entremontrent ma vieille tête troublée en chuchotant, et se jouent de mon inquiétude en m'entourant d'images vaines...

Ah! réparer une faute n'est pas toujours au pouvoir de l'homme!

Amanda, chère Amanda, tu vois bien que le diable m'en empêche. Je suis sorti pour te servir, mais la douleur t'avait égarée : tu courais les champs, toi qui t'appelles aujourd'hui Génie... Govin a couru les champs après toi, et... ma foi, à présent, il bat la campagne! Que veux-tu qu'il fasse!...

Cependant... oh! cette fois, je ne me trompe pas... quelque chose se meut... un corps se dresse au bord de l'eau, des bras s'élèvent... Non, ceux-là ne sont point des rameaux; cette longue chevelure n'est point celle des saules ; cette taille penchée n'est point une touffe de roseaux courbés par le vent...

Sacrebleu!... je n'ai pas la berlue!...

Il frappe des deux poings, le vieux guetteur de nuit ; il s'écrie :

— C'est elle ! ou ma raison a tout à fait déménagé !

Car que voit-il à travers le brouillard, au bord de l'eau ?... la pâle figure qu'il a dans l'esprit !

Une vision dans cette région fantastique, entre les crêpes de la nuit, les blancs linceuls du matin : oui, la douleur sous une forme de femme, une forme gracieuse mais désolée, un corps roidi, convulsé, qui ne tient presque plus à la terre, une chevelure éplorée, des bras élevés au dessus de la tête comme des ailes, n'ayant plus rien d'humain que cette douleur, seule expression de tout son être, immuable comme celle des trépassés... Elle lui apparaît au-dessus du gouffre, il est tenté de fléchir un genou.

Mais ce gouffre, c'est la fosse profonde où le courant entraîne les nageurs !... C'est le seul endroit de la rivière où l'on puisse se noyer !... c'est l'abîme d'où l'on retira le cadavre de cette jeune fille qui s'y était précipitée dans un accès de fièvre chaude !

Mais dans ce pays fantastique, Govin poursuit une réalité !...

Génie, vivante, s'est enfuie sous l'aiguillon du malheur... et le désespoir aussi est une fièvre chaude...

Plus prompt que le désespoir, le vieux garde s'élance : il saisit, sans savoir si c'est un homme ou une femme...

C'était une femme... c'était Génie !... certainement, c'était elle ! Et Govin arrivait à temps... ni l'amour perfide, ni la mort cruelle ne la tenait dans ses bras, mais bien Govin, Govin, son vieil ami... il la sauvait !

Le premier moment fut un moment de vertige. Mais... la sauvait-il vraiment ?

En certaines circonstances c'est un assez mince service à rendre aux gens, que de les retenir sur la terre. Cette idée glaça tout aussitôt sa joie.

Et puis Génie était si froide que, même après

l'avoir saisie, on pouvait bien encore la prendre pour une ombre.

— Est-ce toi, Génie? murmura-t-il.

— Non! fit-elle en le repoussant.

C'était bien elle pourtant. Il n'y avait plus moyen de s'y tromper... Ah! c'était elle, et ce n'était plus elle!

Expliquons-nous : cette plaintive figure de femme, cette ombre lamentable qui m'était apparue à travers les saules, c'étaient bien ces tresses blondes dénouées par sa course insensée, c'étaient ses bras tendus vers le ciel dans une prière désespérée, dans une prière suprême; ses mains crispées dans l'angoisse de ce mal sans remède dont un auteur de son sexe a dit :

« Il y a, dans un mariage malheureux, une force de douleur qui dépasse toutes les autres peines de ce monde! »

C'était ce pauvre corps élégant et délicat, battu par un brutal; c'était ce beau visage maculé de sang; cette femme insultée et méconnue par celui qui devait la protéger et la défendre; cette fille chassée de la maison de sa mère... mais ce que je tenais dans mes bras, ce n'était plus elle : ce n'était plus Génie... ce n'était plus même une femme en état de comprendre la raison.

Je ne sais si elle me reconnaissait, si elle se disait : c'est le père Govin qui m'empêche de me noyer... Non, elle ne se disait pas cela, certainement. Je crois bien qu'au premier moment je n'étais, pour elle, ni le père Govin, ni personne, pas plus qu'elle n'était Génie : elle n'avait conscience de rien, sinon d'un désir dont elle ne se rendait pas compte, et qui la possédait. J'étais quelque chose qui l'empêchait de le satisfaire... une barrière, un obstacle, un importun.

Elle me regarda d'un air fâché, me repoussant toujours. Moi, la retenant avec effroi, car nous étions très-près du bord; je cherchais à l'entraîner le plus loin possible de ces rives humides où le pied pouvait aisément glisser.

14.

Enfin, dans ses yeux fixés sur moi, je crus remarquer de l'étonnement.

Ils me voyaient donc... une pensée plus nette revenait à l'esprit...

Je tâchai de prendre une voix sévère, et lui dis ces mots de mon métier :

— Que fais-tu là ?

— Je ne sais pas ! répondit-elle après un moment, comme si elle se fût répété ma question tout bas.

— Comment y es-tu venue ? Pourquoi ?

Elle montra l'eau avec un mouvement d'ardeur farouche si violent qu'elle faillit m'entraîner.

Ce fut sa seule réponse.

Ah ! elle était bien satisfaisante !

Génie avait subi, comme moi dans ma mélancolie, la fascination de l'eau. Sa voix triste l'avait attirée ; puis marchant, marchant au fil de la rivière, elle avait reconnu d'instinct la fosse où l'on pouvait mourir.

Ce qui la retenait sur ses bords, c'était l'attrait de l'abîme, si puissant sur le désespoir.

Quel raisonnement opposer à cela?

Il fallait l'arracher à cette tentative; il fallait avant tout l'éloigner de l'eau.

— Que tu es froide, ma pauvre petite! dis-je en tâtant ses mains. Viens donc te réchauffer! Retournons au village.

Ce dernier mot seul la frappa. A ce mot, elle se débattit de toutes ses forces, en criant :

— Jamais! jamais!

Je vis que j'avais mal parlé.

— Eh bien, recommençai-je, asseyons-nous ici ensemble. Tu as raison : il fait bon au bord de l'eau.

— Bon? dit-elle en riant d'un air tout affolé ; il fait bon quelque part?

— Génie, auprès d'un ami, est-ce qu'on n'est pas toujours un peu mieux qu'ailleurs? Je suis ton ami... ton vieil ami... Est-ce que tu ne me reconnais pas?

Elle me regarda avec indifférence; sa lutte d'un moment l'avait fatiguée. Au désir violent de la mort, à l'angoisse du retour succédaient un immense dégoût, une complète prostration. J'essayai de la plier doucement, comme un enfant sur un tabouret, sur un léger monticule formé dans la prairie à quelques pas du bord. Mais, comme un enfant que l'on contrarie, elle tourna dans mes bras en disant :

— Père Govin, laissez-moi tranquille!

— Non, je ne te laisserai pas! répondis-je en employant la force; car celle qui m'envoie serait fâchée contre moi!

J'espérais qu'elle allait demander : qui donc vous envoie? Il me semble que lui parler d'Amanda serait la distraire et la consoler; mais elle m'obéit en silence, mit ses coudes sur ses genoux, sa tête dans ses mains, et parut ne plus s'apercevoir que j'étais là.

Je poursuivis sans me décourager.

— Celle qui m'envoie est une pauvre jeune

femme, qui a tant pleuré sur la terre, qu'elle est au ciel à présent. Et sais-tu ce qu'elle y fait dans ce moment-ci ? Elle te regarde et elle t'envie peut-être, parce qu'elle a été bien plus malheureuse que toi !

Il me sembla distinguer un faible mouvement de tête, de ceux qui signifient : tu ne sais ce que tu dis ! preuve qu'elle m'entendait.

Je continuai :

— Génie, sur ton pauvre cœur si malade, toi, tu peux pourtant mettre la main, et dire : il n'y a rien là de pire que le chagrin ! Tu es toujours honnête et pure comme au temps où tu me disais : — Père Govin, vous me soutiendrez ! ça fait du bien aux faibles de leur montrer leur devoir !

— Est-ce que tu ne te souviens plus de m'avoir dit cela ?

Elle laissa tomber les deux bras qui soutenaient sa tête, en s'écriant :

— Je ne me souviens plus de rien !

Et ses yeux se rattachèrent avec une avidité

insensée à la surface de l'eau profonde. Je la tirai vivement par un bras :

— Viens! dis-je; tu ne sais pas que je souffre à l'humidité. Viens, viens, allons-nous-en!

Je la secouai, je l'entraînai, faisant semblant de m'appuyer sur elle pour la forcer à marcher. Et je continuai de prêcher plutôt pour l'empêcher de s'entendre que dans l'espoir de me faire écouter.

Elle allait où je la conduisais, marchant comme une morte, sans regarder son chemin. Je bavardais à tout hasard, de résignation, d'espérance et de bons souvenirs. Je lui parlais de sa mère, de la vertu, de la Sainte Vierge et du bienheureux temps où elle parait son autel.

— Crois-tu, disais-je, qu'elle veuille te laisser périr? Ne penses-tu pas à ta mère qui t'a toujours tant aimée! et à ce que tu m'as promis autrefois à la porte du verger?

Tout à coup elle murmura lentement :

— Pourquoi parler de ce qui n'est plus? Il ne

me restait que ma mère et la bonne Sainte Vierge...
Ma mère n'osera plus rentrer à la maison. Ce
que je vous ai promis, je l'ai fait; cela n'a servi
de rien. Les bretelles sont entrées dans ma chair
jusqu'aux os, et je suis tombée sous le fardeau...
Tout est fini! j'ai eu beau prier la Sainte Vierge!
Que voulez-vous que je fasse à présent? Où voulez-vous que j'aille?

— Viens avec moi! disais-je en l'entraînant
toujours.

Mais quand elle vit que c'était vers la maison
conjugale, quand elle l'aperçut, elle enfonça ses
ongles dans mon bras, comme si jusqu'alors elle
ne se fût doutée de rien; elle se roidit convulsivement en s'écriant :

— Govin, où m'as-tu conduite?

Son beau visage décomposé par l'horreur et
l'effroi, sa voix tremblante m'inspirèrent tant de
pitié que je bégayai plus fort qu'elle en lui répondant :

— Je t'ai conduite où est ton devoir!

Elle ne se débattait plus comme au bord de l'eau, mais son visage se couvrait d'une pâleur mortelle, ses genoux tremblants fléchissaient, son corps entier s'affaissait sur moi.

— Sois courageuse! murmurais-je, et peut-être Dieu te bénira-t-il encore...

— Que voulez-vous qu'il m'envoie? s'écria-t-elle se roidissant de nouveau.

Je continuais, de plus en plus embarrassé de mon rôle :

— Il y a pour tous les âges et pour tous les temps quelque chose que Dieu sait et que nous ne savons pas. Le bonheur n'est qu'un rêve; et quand le rêve est fini, peut-être y a t-il autre chose... pour les gens désunis il y a le repentir, il y a le pardon... pour tous ceux qui espèrent et qui prient, une réponse du ciel... pour tous ceux qui pleurent, de la pitié quelque part... Amanda et Madeleine, et toutes les bonnes saintes qui ont un cœur de femme, vont prier pour toi... et voici ta mère, ta sœur...

Heureusement elles accouraient à sa rencontre ; car Génie pesait de plus en plus à mon bras, tremblait convulsivement, et criait :

— Non, plus personne!... rien... plus rien pour moi !

La vieille Marie-Reine, dont l'amour maternel, tendu jusqu'au délire, était alors une passion aveugle autant que brutale, me l'arracha, en disant :

— J'ai trouvé d'autres témoins, va, mauvais garde ; nous verrons demain si, à la ville, la justice sera manchote et boiteuse !

Elle disait cela par allusion à ma béquille et aux trois doigts dont les Prussiens m'ont abattu la moitié, la bonne furie ! Mais, quoi qu'elle en dit, j'avais fait mon devoir, non sans peine et sans efforts.

XVII

Je l'avoue, je fus bien aise de regagner mon lit où ma vieille dormait d'un bruyant sommeil. Tout en tâchant de me mettre à l'unisson, je repassais dans mon esprit les sornettes que j'avais débitées à la pauvre Génie pour jouer mon rôle de consolateur... un sot rôle, sur ma foi ! impossible au simple mortel qui voit son prochain engagé dans une impasse, et qui s'efforce de lui montrer au delà ce que lui-même n'y voit pas.

Vieux hypocrite ! me disais-je ; vieux donneur d'eau bénite ! tu avais bonne mine de ramener l'agnelle sous la dent du loup, en lui prêchant l'obéissance... Eh! ne sais-tu pas qu'il n'y a de paix nulle part, de bonne paix douce et durable, sans un peu d'amour ?... Ne sais-tu pas qu'il n'est nul miracle qui puisse appareiller convenablement ceux que nature fit pour ne point former la paire?... nulle patience suffisante pour rétablir l'équilibre entre certaines humeurs?... à moins qu'on ne soit philosophe et qu'on fasse des livres.

Mais comment veux-tu que tous ces gens-là puissent s'entre-pardonner? Si la mère haïssait le gendre pour l'amour d'un peu d'argent, comment veux-tu qu'elle le supporte à présent qu'il a mangé l'argent et battu la fille? Si pour quelques remontrances il se croyait opprimé par sa belle-mère, comment veux-tu qu'il vive avec elle après l'éclat qu'elle a fait? Enfin, si la résignation seule, la fierté d'épouse soutenaient Génie, si l'amour-propre, le respect humain, le qu'en dira-t-on les retenaient ensemble et mettaient un frein à leurs emportements, comment veux-tu qu'ils se modèrent à présent que tout est divulgué?... Non, non, c'est impossible! impossible qu'on défasse ce qui est fait, et que le bonheur renaisse où il est perdu!...

Je m'agitais malgré moi, songeant à leur lendemain… si bien que ma vieille me rappela à l'ordre
en m'enfonçant dans les côtes son coude pointu.
Toutefois, avant de forcer, pour la dernière fois,
la paupière indocile à se fermer, je vis, à travers
les vitres de ma chambre, dans le naissant cré-
puscule, la grande figure maigre, pâle et crispée
de la veuve s'en allant à la ville, ainsi qu'elle
l'avait annoncé, requérir la justice ; et je rêvai
d'un procès qui achevait de ruiner matérielle-
ment la pauvre enfant ruinée déjà d'espérance et
de bonheur.

Mais l'homme ne sait guère pénétrer l'avenir,
soit qu'il rêve ou qu'il pense ; et combien il est
toujours loin de l'entière vérité !

Pendant que je rêvais de juges et de tribunaux
qui par de longs discours et de plus longs écrits
travaillaient à séparer les époux, un ouvrier plus
rapide arrivait invisible sur ses grandes ailes
noires pour faire leur besogne : un terrible ouvrier !

XVIII

Au grand jour, quand je m'éveillai, je crus entendre auprès de moi une de ces Allemandes sans feu ni lieu, aux pieds nus, une de ces vagabondes qui ont tant d'enfants et rien pour les vêtir. Elle demandait d'une voix pleurante qui tremblait et s'étouffait par instants, du linge pour un petit enfant qui allait naître, et qui n'avait pas de langes...

Non, d'abord je ne reconnaissais pas la voix...

Qui donc l'aurait reconnue? Qui aurait pu s'imaginer que c'était... Adeline mendiant pour l'enfant de Génie!

Elle mendiait, parce qu'en effet l'enfant forcé de naître avant l'heure arrivait au monde comme les malheureux, sans langes, sans berceau... et aussi parce qu'elle était bien aise d'étaler cette misère.

Elle s'abaissait pour se relever plus menaçante; et si ses larmes coulaient de douleur, d'une douleur sincère, ce qui, par instants étouffait sa voix, c'était la colère... une juste mais implacable colère mêlée, par l'excès même de sa cause, d'une sorte de satisfaction étrange.

Ma femme aussi fut bien aise d'entrer dans les détails affreux de ce triste drame de ménage.

Elle y plongea son esprit curieux, avide, alléché par les paroles à la fois haineuses et désespérées d'Adeline, mais en même temps ses mains dans l'armoire; elle en tira du linge, des provisions, des choses même superflues qu'elle voulut porter au logis de la pauvre femme.

Moi, je la regardais faire, je l'écoutais parler... parler de langes qui seraient un linceul, de mort, de meurtre, sans pitié pour Adeline qui, du reste, répétait volontiers ce mot, parce qu'où il y a meurtre, il y a meurtrier, et qu'elle songeait, plus encore qu'à secourir sa sœur, à grossir de toute l'indignation publique le procès commencé par sa mère.

Ma femme se fit un spectacle de l'intérieur de cette maison. Elle me dit en rentrant :

— Comme ce misérable, dont les violences avaient amené la catastrophe était là, auprès du feu, assis derrière sa victime qui détournait la tête pour ne pas le voir ;

Et comme il était pâle, hâve, égaré, tremblant, tout pareil à un criminel, sauf les chaînes ;

Et comme les femmes assises en cercle et cousant les langes, jetaient de temps en temps sur lui des regards accusateurs qu'il ne pouvait soutenir ;

Et combien Génie était belle au milieu de tous ces visages consternés, avec ses yeux brillants, ses joues illuminées par les petites souffrances qui lui annonçaient l'approche d'un état nouveau et sollicitaient son courage.

— Silence ! m'écriai-je.

Car le tableau, à moi, me faisait mal. Mais bah !...

— Tu ne l'as pas vue, Govin, poursuivait ma femme, c'est dommage ! parce que bientôt personne ne l'a verra plus. Et je t'assure que jamais elle n'a été si belle. Non ! ce fard qu'elle avait sur les joues, les roses n'en ont pas de pareil ; et quand on pense que c'est la douleur qui la farde ainsi, ça fait frissonner ! Et puis cette clarté merveilleuse qu'elle avait dans les yeux !... C'est une chose par laquelle déjà elle n'est plus de ce monde. Je te le dis, Govin, cette clarté, c'était celle d'une gloire de sainte ! Il y avait dedans comme de la joie avec un courage !... On aurait dit qu'elle était bien aise de souffrir, qu'elle se réjouissait de mourir. On aurait dit une de ces belles saintes martyres qui souriaient dans les tourments... Les fines couleurs sans pareilles que la douleur étendait sur ses joues, c'étaient les roses du paradis qui commençaient de fleurir, et elle devient de plus en plus belle à mesure que la mort approche...

— Qui te dit qu'elle approche? interrompis-je impatienté; il s'agit de naissance...

— Il s'agit de naissance?... Il s'agit d'un acci-dent qui force la nature... il s'agit d'une catastrophe amenée par la violence et le désespoir... C'est ça que tu appelles une naissance!... Aussi Dominique... Si tu voyais Dominique!... C'est Dominique qu'il faut voir... Comme il attend cette naissance, lui, le père du premier-né, de ce premier fruit de ses amours, de cet enfant qui va naître, comme tu dis!... le père de cet innocent qu'il a tué avant qu'il fût au monde, le mari de cette belle femme dont les joues ne sont si roses que parce qu'elles vont pâlir pour toujours, et qui sent bien cela; qui sait bien à qui en est la faute, et, s'il y a là une sainte, quel est le brutal qui l'a faite martyre... Il voudrait pouvoir se cacher sous la terre; mais quelque chose de plus fort que la honte le retient à côté d'elle, devant

15.

tout le monde... Il attend, et en attendant, à chaque soupir, à chaque plainte, un fer rouge lui
passe sur le cœur, et des rougeurs sur le front...

— Tais-toi donc, femme ! m'écriai-je, apitoyé
malgré moi, même sur l'angoisse du bourreau ;
car s'il n'avait pas absolument une pierre à l'endroit où portaient tous ces regerds accusateurs
que sa conscience ne pouvait démentir ; si ce qui
le retenait à côté de Génie, malgré le reproche
muet de tout ce qui l'entourait, était un sentiment, je ne veux pas dire tendre, mais seulement
humain, quelle torture ! Et certainement il l'avait
aimée, cette belle jeune femme, puisqu'il avait
gardé, pendant cinq ans d'absence, son souvenir
pour l'amour duquel peut-être il avait corrigé la
moitié de ses vices, poli son extérieur, et cherché
à devenir ce qu'il fallait qu'il fût...

J'aime qu'un criminel soit passé par les armes,
mais qu'en deux commandements l'affaire soit
faite.

Ma vieille recourut à la maison Parisot, et me

dit, le soir, que Dominique était à genoux au pied du lit, pleurant sans s'arrêter, depuis le matin; et que Marie-Reine, dont la figure désolée passait et repassait près de lui, s'écartait, en serrant les deux poings, comme d'un aspic qui aurait mordu sa fille, et, chaque fois revenait se pencher sur sa tête pour y laisser tomber une malédiction, pendant qu'Adeline lui jetait sans cesse à la face, à sa face bouleversée qu'il cachait dans les couvertures, ces terribles mots qu'aucun soufflet n'aurait pu égaler :

— Meurtrier ! regarde encore un instant ton ouvrage, car dans un instant tu vas sortir ! dans un instant tu n'auras plus de droits ici !... les morts n'appartiennent à personne ! Dans un instant elle sera délivrée de toi et de la vie !...

Elle me dit qu'Adeline, plus furieuse encore que désolée, tant qu'elle gardait un peu d'espoir, lui soufflait ces mots à l'oreille, et que Génie les avait entendus.

Elle me dit : qu'une voix faible s'élevant du lit de douleur s'était jointe à cette voix impitoyable, pour implorer la délivrance, la noire délivrance que tout le monde attendait; mais qu'à ce vœu involontaire cette douce voix avait joint le pardon.

Elle me dit : que la victime avait tendu au bourreau sa main mouillée des sueurs de l'agonie, et lui avait dit :

— Si l'enfant me survit, ne le sacrifie pas à une belle-mère qui peut-être le haïra... Si tu m'as aimée, alors souviens-toi de moi pour le défendre...

Et qu'un sanglot si profond lui avait répondu que le lit tout entier en avait tremblé. Et, qu'après cela, personne, dans la chambre, n'avait plus osé parler de cette triste délivrance, encore moins la désirer.

Le jour suivant, ma vieille s'en alla, avant l'aube, à la maison de douleur; et sur ce qu'elle me rapporta, je pris du pain pour toute la journée, je le mis dans mon sac, et je me sauvai dans les champs, afin de ne plus l'entendre.

Faites comme moi, lecteur. Attendons jusqu'à demain. Un jour, c'est bien peu; et pourtant c'est beaucoup dans la vie de l'homme qui, elle aussi, n'est qu'un jour un peu plus grand que les autres. Ce n'est rien : c'est de l'eau qu'on tient dans la main, et qui coule à travers les doigts...

Et pourtant, quelquefois, que de choses dans une de ces gouttes d'eau ! Il en est qui nous semblent de plomb et grosses comme des montagnes... Il en est où se mire le paradis tout entier, quoiqu'elles soient l'une après l'autre enfilées comme les graines d'un collier.

C'est même après ces ternes et lourdes journées que viennent les plus beaux jours. Ils se lèvent sur nous tout d'un coup, sortant d'un nuage comme le soleil du bon Dieu.

XIX

Or, le lendemain, dans la maison désolée, il y avait, sur le lit de souffrance, une jeune femme pâle et faible comme l'enfant qui respirait pour la première fois, mais ignorante, comme lui, de tout ce qui avait précédé ce jour-là.

Il y avait une de ces mères tout à l'amour nouveau que la nature leur envoie, et dont l'Écriture dit : « *Qu'elle oublie ses douleurs, parce qu'elle a mis un homme au monde.* »

Il y avait un père encore à genoux, mais à genoux dans l'extase devant son premier-né; un homme à qui deux longs jours de remords et d'angoisse venaient d'apprendre ce que vaut un jour de bonheur.

Il y avait une aïeule rajeunie jusqu'aux douces tendresses des temps où son âme de veuve se retrempait aux caresses d'un enfant.

Il y avait une famille délivrée, chez qui la douleur avait fondu la colère, et un bonheur inespéré, le bonheur de voir vivre ceux que naguère elle souhaitait voir couchés dans la bière, changé la douleur en joie, la haine en une mansuétude infinie.

Il y avait des actions de grâces et de douces larmes mêlées de sourires, de petits cris d'enfant, des chants de berceuse, et des présents autant qu'autour de la crèche : les œufs des plus belles poules, le vin le plus vieux, les fruits les plus mûrs; car les amies, les curieuses arrivaient en foule, arrivaient les mains pleines, pour réconforter la mère et l'enfant.

Je ne vis point tout cela; mais la cloche le chanta dans son carillon; et, à ce baptême-là, ma parole d'honneur! moi aussi, j'avais la larme à l'œil. Je me disais :

— J'ai donc mieux parlé que je ne l'espérais, et les dévots ont raison, il faut le croire ; il vient ici-bas des anges du ciel pour tous les maux de ce pauvre monde!

Je ne suis pas certain que Dominique ne retourna pas quelques petites fois au cabaret, ni que Marie-Reine ne ressaisit jamais d'une main trop avide, dans l'ordinaire du ménage, ce que la main prodigue de la vanité avait dépensé à l'occasion des noces; mais ce que je puis assurer, c'est que désormais chacun fit, au profit de la paix générale, les concessions dictées par le besoin du moment et que, peu à peu, dans l'amour qui venait de les réunir, ils puisèrent ces petites vertus nécessaires au bonheur de tous...

Au bonheur... Quel grand mot! Govin va passer pour un vieux menteur...

Allons: Dominique fut plus sobre et moins paresseux pour l'amour de l'enfant; il fut humble autant qu'il le fallait à l'occasion; pour avoir été trop orgueilleux une fois.

Marie-Reine fut indulgente pour l'amour de l'enfant, et pour l'avoir été trop peu.

Adeline et son bossu allèrent habiter la maison nouvellement bâtie.

L'enfant, bien qu'il restât longtemps plus petit que les autres enfants de son âge, vécut néanmoins pour servir de ciment à tous les bons sentiments que sa venue avait fait naître ou renaître.

La blonde Génie mit la douceur de ses yeux bleus dans son pardon, aima Laméville, sa mère, son fils... et enfin, s'il vous faut encore autre chose, j'ai lu, dans un livre trop saint pour que l'auteur soit nommé dans les mémoires de ce fou de Govin :

« *S'il y a quelque joie en ce monde, elle est le partage d'un cœur pur.* »

FIN

POISSY. — TYP. ET STÉR. DE A. BOURET.